生活事件对大学生情感和行为的影响

SHENGHUO SHIJIAN DUI DAXUESHENG QINGGAN HE XINGWEI DE YINGXIANG

陈红敏 著

知识产权出版社
全国百佳图书出版单位

图书在版编目（CIP）数据

生活事件对大学生情感和行为的影响/陈红敏著.—北京：知识产权出版社，2014.7

ISBN 978-7-5130-2851-6

Ⅰ.①生… Ⅱ.①陈… Ⅲ.①生活事件—情感—行为—研究—中国 Ⅳ.①D922.297.4

中国版本图书馆 CIP 数据核字（2014）第 123235 号

责任编辑：龚　卫　　**责任校对**：董志英

封面设计：SUN 工作室　　**责任出版**：刘译文

生活事件对大学生情感和行为的影响

陈红敏　著

出版发行：知识产权出版社有限责任公司　**网　　址**：http：//www.ipph.cn

社　　址：北京市海淀区马甸南村 1 号　**邮　　编**：100088

责编电话：010-82000860 转 8120　**责编邮箱**：gongwei@cnipr.com

发行电话：010-82000860 转 8101/8102　**发行传真**：010-82000893/82005070/82000270

印　　刷：北京科信印刷有限公司　**经　　销**：各大网络书店、新华书店及相关销售网点

开　　本：850mm×1168mm　1/32　**印　　张**：6.75

版　　次：2014 年 7 月第 1 版　**印　　次**：2014 年 7 月第 1 次印刷

字　　数：203 千字　**定　　价**：38.00 元

ISBN 978-7-5130-2851-6

前言

“人生是一条漫长的旅途。有平坦的大道，也有崎岖的小路；有灿烂的鲜花，也有密布的荆棘。” ——无名

先来看三个典型事例：

事例一：中国江苏网报道，2013 年 4 月 18 日，南京某大学某学院的一名大三男生，因为口角纠纷挥刀将室友捅死。警方初步调查认定，死者蒋某 22 岁，是江苏丹阳人；杀人者袁某 24 岁，泗阳人。蒋某当天回宿舍时因未带钥匙而敲门，但袁某正打游戏未及时开门，双方为此发生口角和冲突。冲突过程中，袁某拿起书柜上的一把水果刀捅到了蒋某胸部，蒋某被送医院后因抢救无效死亡。“其实，杀人的袁某和被杀的蒋某，都是很普通的大学生，平时关系也很好，没有任何的矛盾摩擦。”一位了解详情的老师私下里向记者透露。

事例二：新华网报道，2004 年 6 月 15 日，东北某大学学生付某跳楼自杀。这一天，距离他毕业离校仅剩 17 天。付某家境贫困，4 年共拖欠学校上万元学费，临近毕业却没有找到工作，付某的老师和同学分析，是贫困和就业的双重压力使他走上了轻生之路。记者在采访中感到，付某在 4 年大学生活中一直承受着巨大的心理压力，他也为自己寻找到了一个舒缓压力的办法，就是大量地看武侠和魔幻小说，但一时的解脱并没有真正使他轻松。

事例三：《人民日报》报道，石家庄某大学2012级本科生唐建哲，父亲因患精神分裂症，无业在家，每月领取不到300元的低保，每年的治疗费需要5000余元，母亲身体不好，是一名清洁工，靠每月扫街的800元工资养家。尽管家庭贫困，但唐建哲乐观坚强，身在逆境却勇于担当。从高考结束第一天开始，他就坚持每天凌晨两点多，和妈妈一起清扫街道。谈到会不会有心理负担时，唐建哲笑着说："我在帮我妈妈扫地，又不是啥丢人的事，有啥难为情的。"面对生活的苦难，唐建哲选择了担当，用乐观、自信、孝心、感恩，勇敢地担当起对自己、对家庭、对学校、对社会的责任。唐建哲经常挂在嘴边的一句话就是："人要成功就要靠自己努力，靠知识改变命运。"他的事迹引发社会广泛关注，被称为"90后扫街男孩"。2012年，唐建哲被评为"中国大学生年度人物"。

在以上三个典型事例中，前两个事例中大学生袁某、付某分别采取杀人和自杀，其极端行为的直接导火索是与室友吵架、贫困和就业压力等大学生经常遇到的事件，第三个事例中大学生唐建哲"迎战苦难、勇担责任"的事件也是家庭经济贫困、家人生病这类大学生经常遇到的事件，虽然有相似的事件，但他们却有不同的行为选择。在心理学中，这些事件都被称为生活事件（life events）。在我们的生活中充满了各种各样的生活事件。除了上面提到的三个事例之外，如果仔细分析周边大学生发生的各种各样的心理反应和行为表现，总能找到生活事件的影子。可以说，生活事件已经成了影响大学生心理和行为的重要因素。

生活事件是指对个体生活可能产生影响的变化性事件，这些事件会对个体的心理、行为等诸方面产生影响。心理学家用生活事件来说明个体和环境之间的相互作用，这种相互作用可以从很多方面进行说明：可以是家庭、工作方面的，也可以是身体方面的，等等。对个体来说，在不同的人生阶段，不仅所遇到的生活事件各不相同，有大有小，有好有坏，而且对个体造成的影响也不一样。人们在面对这些生活事件时的感受和反应，直接决定了人的幸福感和以后的心路历程。

人和动物最大的区别就在于“人有思维”。当人面对各种生活事件的时候，人的思维是理性的还是非理性的？人们是如何对不同的生活事件进行反应和加工的？这些问题最终指向了一个一直在探讨的问题：“人到底是理性的，还是非理性的？”不同的人对这个问题有不同的回答。经济学家说，人是绝对理性的。“理性人”假设是指作为决策的主体都是充满理智的，既不会感情用事，也不会盲从，而是精于判断和计算，其行为是理性的。“小不忍则乱大谋”“凡事三思而后行”“祸从口出”等一些名言警句证明了这一假说。管理学家则用“有限理性说”驳斥了“绝对理性说”。著名管理学家赫伯特·西蒙（Herbert Simon）认为，人们在决策过程中寻找的并非是“最大”或“最优”的标准，而只是“满意”的标准。1978年，瑞典皇家科学院将当年的诺贝尔经济学奖颁发给了卡内基—梅隆大学的心理学教授——凭“有限理性”理论扬名的赫伯特·西蒙。24年之后，2002年的诺贝尔经济学奖再次由一位心理学家所获得，这次的得奖者是前景理论的提出者丹尼尔·卡尼曼（Daniel Kahneman）。两位均是“有限理性”的倡导者和有力的支持者。行为经济学家则认为人往往是无理性的。如，行为经济学家弗农·史密斯就用大量的实验证明了这一点。所以有人说，正是因为人是非理性的，所以才需要那些如“凡事三思而后行”等处事名言的提醒。生活事件虽然不是经济领域的问题，却是人作为主体不可回避的问题：当面对形形色色的生活事件时，人们是进行绝对理性的加工还是进行有限理性的反应亦或是非理性的没有任何规律的抉择？目前在经济学领域关于“有限理性”的研究得到的支持比较多，如果在本研究领域中对于生活事件的反应是“有限理性”的，那么又会表现出怎样的理性“限度”？这些都是需要进一步探讨的问题。

本研究以大学生为被试者，通过了解个体对不同生活事件的情感反应和行为选择从而帮助我们更详细地了解人类的情感世界和认知规律，更准确地解释一些心理现象，进而预测人们的行为，以便更有效地控制事情的发生，更好地为人们的生活服务。

本书是北京市哲学社会科学规划项目“首都高校大学生对应激性生活事件的情感反应和行为决策研究”（项目批准号：12ZHC026）的研究成果，成果出版由“北京工商大学学术专著出版资助项目”资助。

目　录

第一章　生活事件的心理学研究

第一节　生活事件及其相关研究

一、生活事件概念

生活事件（life event）是指对个体生活可能产生影响的变化性事件。它是一种常见的心理、社会应激源，也是最早被人们关注的影响身心健康的应激源之一。作为一种重要的应激源，它引起了心理学研究者的极大关注。Holmes 和 Rahe 认为，“生活事件的出现可能是预示，也可能是需要个体的生活方式作出重大的改变”（Holmes & Rahe，1976）。Brown 和 Birley 认为生活事件“一般是指那些容易引起人们情绪失调，并可能对人们的健康状况与生活方式产生威胁的重大改变，或者是一些重大的成功和失败的事件”（Brown & Birley，1968 ;Birley & Brown，1970）。冯丽云等认为，生活事件指人们在日常生活中遇到的各种各样的社会生活的变动，是测量应激和心理健康的重要指标（冯丽云等，2000）。Antonovs 和 Kats 认为，生活事件是“一种客观形势，面临这种形势将引起普遍的应激”并且“可能会经历痛苦或需要转变角色的体验”。这些定义的共同点是强调生活事件可以使绝大多数人改变其熟悉的生活方式。尽管对生活事件的界定和表述方式各不相同，但大家都一致认为：当客观事件足以使绝大多数经历者改变其熟悉的生活方式时，这种事件就被看作生活事件。综合以上的概念和界定，生活事件是指个体在家庭、学习、工作等生存环境中发生的，要求个体做出改变或适应的情况或变化。生活事件存在于各种社会文化因素之中，诸如人们的生活和工作环境、社会人际关系、家庭状况、角色适应和变换、社会制度、经济条件、风俗习惯、社会地位、职业、文化传统、宗教信仰、种族观念、恋爱婚姻等，当这些社会文化因素发生改变时，就可能成为生活事件。生活事件也指那些造成人们生活上变化，并要求对其适应和应付的社会生活情境和事件，它包括生活中所遇到的许多具体事件，如升学与辍学、恋爱与失恋、就业与失业、结婚与离婚、升迁与降职、生育与死亡、获奖与受罚等，也包括人所处的自然环境和社会环境的变化。当然，生活事件是否引起心理应激反应，还取决于个体的认知评价和应对方式（贺莹莹，2008）。

生活事件根据性质划分，可以分为正性生活事件（positive life events）和负性生活事件（negative life events），这以当事人的体验作为判断依据。正性生活事件能让人产生愉悦的情绪情感体验，促进情绪向积极方面发展，进而提高生活的积极性，有利于人的身心健康。在日常生活中有很多生活事件具有积极意义，如晋升、提拔、立功及受奖等。相反，负性生活事件则会使个体产生不安、消沉、焦虑等消极情绪情感体验，影响个体身心的健康发展，例如高考落榜、失恋、父母离异、伤病及亲友亡故等负性生活事件很可能给一个心理承受能力差的人带来毁灭性的结果。

根据事件强度划分，生活事件可以分为重大生活事件和小生活事件。重大生活事件主要是指那些重大的、引发情感强度比较大的生活变化，如结婚、离异、疾病等。小生活事件主要是指那些情感强度较弱，但是容易让人产生压力的事件，如丢失物品、访亲探友、不断被打扰、没有足够的闲暇时间等。小生活事件虽然不像重大生活事件引发的影响那么强烈，但是却具有持久性，就像“肉中之刺”，不是很疼，但是让人很不舒服。尤其是近些年的研究发现，不仅重大的生活变化，日常生活琐事如家务劳动、交通阻塞、邻里纠纷等也可能导致个体出现应激反应（Rice，1992）。日常琐事对个体健康的影响，一方面表现在它的累加效应上，小的生活事件如果经常出现，就可通过累加作用成为一种长期存在的慢性应激源；另一方面，小的生活事件可以影响重大生活事件与疾病之间的关系。当重大生活事件发生时，如果同时伴有一些数目繁多的琐事，这时重大生活事件所产生的应激反应就会比没有琐事强烈得多（曹亚杰，2008）。所谓“屋漏偏逢连阴雨”正是这种情况的写照。许多研究表明，适当的生活变化可以激励人们投入行动去适应新环境，但如果变化过大、过快和持续过久，超过了机体自身的调节和控制能力，就会造成适应的困难，引起心理、生理功能的紊乱而致病（韦有华，1998；朱熊兆，2006）。

二、生活事件研究述评

目前关于生活事件的研究主要沿着三条路线展开：第一条是以测量学为背景的对生活事件类型和内容的研究，以开发工具为主，即研究生活事件有哪些以及如何测量。第二条是通过考察生活事件与主观幸福感、抑郁、自杀、疾病等身心健康变量的关系，来探讨生活事件对人的影响有哪些。第三条是考察不同的生活事件对个体的影响机制的探讨，即生活事件如何对人产生影响。

（一）生活事件测量的研究

为了了解在人们生活中主要有哪些生活事件，研究者开发出了大量的测量工具。目前，测量生活事件的方法分为两种：一种是开放式调查，受试者根据个人情况自由回答；另一种是使用生活事件量表。利用生活事件量表可以检测一个人在某一段时间内所经历的各种生活事件，并评定生活事件产生的应激强度，从而了解它们对人们身心健康的影响（梁红，2005）。具有代表性的生活事件量表有：1967 年，Holmes 和 Rahe 编制的第一份“社会再适应等级量表”（Social Readjustment Rating Scale，SRRS），这个量表开辟了生活应激量化研究的新途径。它的一个重要作用是把应激和疾病联系起来（Holmes & Rahe，1967）。1971 年 Paykel 等编制的“近期生活事件访谈问卷”（Interview for Recent Life Events，IRLE）（Paykel，1975）。1978 年，Sarason，Johnson 和 Siegel 编制的生活经历调查表（LES），该量表包含 57 个相对准确表述的题目，可以从 7 点尺度评估每一件事情，范围从最大负值（-3）到最大正值（+3），这些事件可以被评定为正性或者负性，可以计算总的变化分数。同年，Dohrenwend 等人编制的精神流行病学调查访谈（Psychiatric Epidemiology Research Interview）中的生活事件量表（Dohrenwend，1982），共包含 102 个题目，描述的事件包括收获、失去或者模棱两可的情况，分为 11 个主题，包括工作、经济、家庭、健康等。1981 年，Kanner、Coyne、Schaefer 和 Siegel 编制的日常琐事量表（Daily Hassles Scale）。1985 年，Lewinsohn、Meimelstein、Alexander 和 MacPhillamy（1985）编制的不愉快事件量表（UES），包括 320 个题目，被试按照 3 点标尺评估每个题目两次（发生的频次和反感程度），计算整个量表的总分。Brown 和 Harris 编制的“生活事件困难度调查表”（LDS），主要考察生活事件对人造成困难和威胁的程度。Williamson 等人（2003）编制的适用于儿童和青少年的应激性生活事件量表（SLES）等。

我国杨德森和张亚林编制的适用于 16 岁以上的正常人、神经症、心身疾病、各种躯体疾病患者以及自知力恢复的重性精神病患者的“生活事件量表”（LES）（杨德森，1999），张明园编制的生活事件量表（张明园，1993），郑延平等编制的紧张性生活事件评定量表（郑延平，1990），等等。

另外，由于不同民族、文化背景及职业群体中生活事件的发生频度及人们认知评价方式的差异，针对特殊群体的生活事件量表也相继问世（徐一峰等，1996）。1991 年美国东得克萨斯州大学心理系教授 Gddzella 根据大学生在校园中遇到的生活事件及其引起的生理和心理反应编制了“学生生活压力问卷”（Student Life Stress Inventory），用于了解大学生在校期间所面临的冲突、挫折、变化、压力等应激源及其对这些应激源做出的生理、情绪、认知与行为的反应。国内编制的量表包括：刘贤臣编制的适用于青少年尤其是中学生和大学生的“青少年自评生活事件量表”（刘贤臣，1997），王宇中等编制的“大中专学生生活事件量表”（王宇中等，1999），江光荣等（2000）编制的“中国大陆地区青少年生活事件检查表”，迟松等编制的“大学毕业班学生应激性事件问卷”（迟松，林文娟，2005），胡燕等人（2010）编制的“中学生的生活事件多维评定问卷”，戴群等（2011）等编制的“大学生运动员生活事件量表”，高延等人编制的“孕妇生活事件量表”（高延，2004）以及费立鹏编制的专为中国开展自杀研究制定的60个项目的“他评生活事件量表”(李献云等,2001）和崔红等编制的“军事飞行员生活事件量表”（崔红，2004）。

本研究主要以大学生为被试对象，考察生活事件对个体的影响，所以需要全面了解当前大学生的主要生活事件，就现有的测量工具来说，考察大学生生活事件的工具比较缺乏，有的只是关注大学生的某个群体（如毕业生）或者某一方面（危机研究），有的不是专门适用于大学生（如考察青少年），而且年代也比较久，用现有的工具都不能较好地、全面地了解当前大学生生活事件的全貌，所以有必要在本研究中具体考察当前大学生的生活事件。

（二）生活事件对身心健康及相关变量的影响

生活事件对人类身心健康的影响一直受到广泛的关注，目前许多研究关注用生活事件来测量应激的水平，进而试图揭示与随后疾病之间的关系。但是生活事件与身心健康之间究竟是怎样的关系，目前仍有不同的观点。

第一种观点认为生活事件与身心健康直接相关。从生活事件对健康的影响来看，包括积极影响和消极影响，大量的研究报告了生活应激与某些疾病的发生、发展的相关关系，“过于强烈和持久的生活应激同许多疾病的发生和加重都有相关关系，是影响人身心健康的重要因素之一”（陈卫旗，1997）。严重的生活应激对心理健康的损害更为明显，Waclaher 等调查发现，61% 的抑郁症病人发病前 1 年内至少遭遇了一项重大生活事件（梁宝勇，1998）。张瑶等（1992）用生活事件经历调查表（LEES）对 278 名心身疾病患者、282 名癌症患者和 273 名健康人（对照组）作调查。结果表明，心身疾病和癌症患者病前出现应激性事件的频度（人次），及对事件产生负性情绪体验的强度（得分）皆明显高于对照组。在应激性生活事件中，家庭事件因素的频度和强度均较高，从某种意义上说，它可能是心身疾病和癌症的重要前因之一。另外，Veronica Gomez 等人研究了生活事件对老、中、青各年龄段人群的主观幸福感的影响，结果发现生活事件对主观幸福感有显著的影响，而且负性生活事件比正性生活事件的影响作用更大（Gomez，2009）。Netta Horesh 等比较了有自杀意图和无自杀意图的被试所经历的生活事件的数量，发现有自杀意图的被试比无自杀意图的被试经历了更多的负性生活事件（Horesh，Sever & Apter，2003）。其他研究者还进一步探讨了生活事件与情感障碍、焦虑、精神病和人格障碍等变量的关系，结果均发现了负性生活事件的显著影响（Moberly，2008；Rosnick，2007；Goldberg，1976）。近年来，人们对大学生生活应激及其对大学生心理健康的影响给予了越来越多的关注（刘贤臣，1997）。有研究者对大学生生活事件与其心理健康关系的分析表明，社会适应不良、不良家庭关系、性困扰、专业不理想等生活事件都与个体心理健康水平低下有关，而且这些事件可以解释将近一半的心理健康状况变异（Blankenstein，1991）。我们曾经就大学生的负性生活事件与心理健康的关系进行调查，结果发现，除了负性生活事件中的丧失因子与 SCL-90 中的强迫症状和人际关系敏感因子不相关之外，负性生活事件与心理健康的各维度都显著相关，说明负性生活事件给大学生带来的负性感受越多，心理健康状况越不好。研究还发现，影响其心理健康的因素主要体现在以下几个方面：学业压力、人际关系、家庭内部环境等（陈红敏，赵雷，刘立新，2009）。国内康积勤、柳友荣等人也对生活事件与心理健康的关系进行了研究，也得出了类似的结果（康积勤，2008；柳友荣，2004）。同时，国内的研究以学生为被试，也发现了生活事件与焦虑（张兰君，1998）、抑郁（张月娟，2006）、自杀意念（黄乔蓉，2007）、主观幸福感（周末，2007）等有显著的连带关系。李茹等（2004）的研究发现，SCL-90 各因子与生活事件大部分因子平均刺激量呈正相关。陈慧等（2012）研究探讨青少年早期生活事件与抑郁的因果关系以及因果关系的动态变化，结果发现在青少年早期，抑郁与生活事件的因果关系发生动态变化，在初一到初二年级时，生活事件总分以及人际关系和学习压力因子可以预测抑郁倾向；在初二到初三年级时，抑郁倾向可以预测生活事件总分以及人际关系和学习压力因子；因此，抑郁并不总是结果变量，也可能是原因变量。国外近期的研究通过多元分析的方法发现，生活事件对情感和认知幸福感有不同的影响，对大多数生活事件来说，生活事件对认知幸福感的影响更大（Luhmann，Hofmann，Eid & Lucas，2012）。还有研究发现，青少年时期负性生活事件的数量和随后 3 年时间的皮肤瘙痒有明显的联系（Lien，Halvorsen，Haavet，& Dalgard，2012）。

第二种观点认为，生活事件对身心健康的影响并不大（Evelyn，1976）。有相当多的研究发现，生活应激与疾病或身心健康水平相关并不是很高，多在 0.12~0.40 之间（张瑶，1992）。可能的原因是生活应激同疾病间的联系不是直接的，而是通过中介因素或者调节因素起作用。根据认知应激理论，生活事件发生后能否导致心理生理反应进而影响健康，受个性特征、归因方式、应对方式及社会支持系统等多种因素的交互影响（Rabkin & Struening，1979；Vingerhoets & Matcelissen，1998）。张月娟（2005）研究发现，生活事件与负性自动思维及消极应对方式呈显著正相关（$p<0.01$），生活事件对抑郁的直接影响不显著，其影响是经由负性自动思维及应对方式的中介作用而间接实现的。

第三种观点是折中的观点，认为生活事件对身心健康既有直接的作用，又通过第三因素如社会支持、应对方式、情绪调节策略等间接起作用。姜乾金等（1993）对262名健康人和348例病人研究发现，消极应对与焦虑、抑郁及其他多种精神症状评分呈显著正相关关系。Andrew（1978）等研究发现，处于高应激状态的个体，如果社会支持系统和应对方式不良，则43.3%的人发生心身健康问题，其危险性是普通人的2倍。刘贤臣（1997）以青少年为被试的研究也发现，心理外控分和消极应对分与青少年焦虑分呈显著正相关关系，表明事件的发生是由外部环境因素所决定和事件发生后采取消极应对方式的青少年焦虑症状发生的危险性明显增加。冯永辉等（2002）的研究发现，应对方式是作为生活事件与心理健康的中介变量而存在并发挥作用的。罗伟等（2007）的研究也发现，应对方式是生活事件和主观幸福感关系的中介变量。胡军生等（2008）进行的研究也支持应对方式是师范大学生生活事件和心理健康关系的中介变量的结论。郭学东等（2006）的研究则发现，社会支持在生活事件和心理健康之间起着重要的调节作用。刘启刚（2007）

研究发现，认知情绪调节策略在大学生生活事件和心理健康中起着重要作用，其中消极认知情绪调节策略在其中既起部分中介作用又起调节作用，而积极认知情绪调节策略只起一定的调节作用。魏义梅（2008）发现，生活事件对抑郁既有直接影响，同时也通过积极、消极的认知情绪调节策略影响大学生的抑郁，认知情绪调节在大学生生活事件与抑郁之间起中介作用。胡朋利等（2013）的研究还发现心理一致感在生活事件和大学生的抑郁之间起着部分中介作用。刘小娟等（2010）的研究发现积极和消极的认知情绪调节均可以调节青少年生活事件与焦虑。辛莘等（2010）在医学生中探讨了气质性乐观、生活事件与自杀意念的关系，发现应激事件对医学生的自杀意念水平有正向预测作用，应激事件越严重，学生的自杀意念水平越高；气质性乐观对应激事件与自杀意念之间的关系具有调节作用。涂阳军等（2011）考察了社会支持与应对方式在大学生生活事件与负性情绪间的中介、调节作用，结果发现社会支持的主观支持调节效应显著。积极应对方式的中介效应显著。与积极性质的应对方式的缓冲作用相比，消极性质的应对方式所起的负作用更明显些。退避与合理化能够在一定程度上减轻因生活事件所引发的负性情绪。杨颖等（2012）研究发现，中学生日常生活事件显著负向预测积极适应，显著正向预测消极适应，社会问题解决能力在日常生活事件和社会适应之间起到部分中介作用。Linda，Marroquín，& Miranda（2012）发现，主动和被动问题解决在负性生活事件和自杀意念中起着调节作用。朱坚等（2013）考察了冲动性与抑郁情绪在应激生活事件与大学生自杀意念之间的中介效应与调节效应，发现抑郁情绪在应激生活事件与大学生自杀意念之间起部分中介作用；冲动性人格在应激生活事件与大学生自杀意念之间既有中介作用，又有调节作用。唐海波等（2013）考察了应对方式和神经质在生活事件与负性情绪间的作用，发现大学生负性情绪与生活事件、人格特质中的神经质和不成熟的应对方式密切相关；神经质和应对方式在生活事件的应激对大学生负性情绪的影响中起着部分中介作用。马元广等（2013）探讨了解释风格对生活事件与心理健康关系的影响，发现解释风格在生活事件与心理健康间起到部分中介作用。李丹等（2013）还研究了怀孕过程中孕妇经历的生活事件和妊娠压力的关系，以及孕妇的心理健康状况和丈夫支持在其中所起的作用，发现孕妇的心理健康状况在生活事件和妊娠压力的关系中起部分中介效应，即生活事件部分通过孕妇的心理健康状况影响孕妇的妊娠压力；而丈夫支持则对孕妇心理健康的中介效应起调节作用，当丈夫支持高时，心理健康状况越好的孕妇，其妊娠压力越低，心理健康状况对孕妇妊娠压力预测显著；当丈夫支持低时，心理健康状况对妊娠压力的预测不显著。

以上三种观点说明：人的身心健康是一个极为复杂的动态过程，影响健康的因素是多种多样的，既有个体自身的素质特点，也有外界环境因素的影响。生活事件与个体的身心健康的关系尽管没有一致的结论，但是大家都普遍认为生活事件作为影响身心健康的一种重要因素，仍可帮助我们识别有患病可能的人群，指导心理治疗、危机干预，并帮助正常人了解自己的精神负荷，维护身心健康、提高生活满意度。生活事件研究既然是一个非常重要的研究领域，前人研究之所以得出生活事件与身心健康关系不一致的结论，除了前人研究考虑到的个体自身特点和外界环境因素之外，还可能受生活事件本身相关特点的影响，所以导致出现不一致的结论。

（三）不同特点生活事件的影响机制研究

国内外大量资料证明，生活事件的致病性与其性质、数量和强度有关（Kendler & Gardner，2010；Sutin，Costa，Wethington，& Eaton，2010；Spinhoven et al.，2010；Tychey，Garnler，Lighezzolo-Alnot，Claudon，& Rebourg-Roesler，2010）。生活事件的性质不同对个体的影响程度不同，而生活事件与疾病种类无特异相关（刘贤臣，王均乐，1988）。一般来说，负性生活事件对人的躯体及心理社会紧张反应影响较大，而正性生活事件或中性事件则影响较小（O' Hara，2006）。一个人在一定的时期内连续遭遇多种严重生活事件，往往容易导致对健康的损害。Homles 和 Rahe（1967）在关于生活变化和疾病关系研究中证实：巨大的压力（压力感大且居于压力量表前几位的生活事件）与疾病发生率的升高相关。还有的研究发现，日常琐事对个体身心健康的影响具有累积性且对个体身心健康的影响要大于主要生活事件的影响（Kanner，Coyne，Schaefer & Lazarus，1981）。但平时虽然有较多的生活事件，只要其性质较平和，有时反而能增强个体对应激的抵抗力（梁红，2005）。

不同的生活事件对个体的影响研究目前主要集中在对个体的情感反应和行为选择的影响是如何进行的。一般认为，负性生活事件越多，人们的情感反应越不好、越消极；正性生活事件越多，人们的情感反应越好、越积极，而不论生活事件情感强度的高低是怎样的，而且人们也更愿意倾向选择正性情感较高的事件和负性情感较低的事件（董志勇，2006；Horesh，Sever & Apter，2003）。但有趣的是，在最近的研究中，有研究者却得出了一些不一致的结论（Seta，Haire & Seta，2008a，2008b）。在以负性生活事件为材料进行的研究中，被试面对 1 个高负性生活事件时比 2 个负性事件（1 个高负性和 1 个低负性生活事件）会产生更紧张的负性情感反应，被试也倾向于选择经历 2 个负性事件（1 个高负性和 1 个低负性生活事件）的情境。因此，当事件带来强度不同的情绪性紧张时，“负性事件越多越好”。然而，当被试面对相似的负性情感强度的事件时，2 个负性生活事件比 1 个负性生活事件会产生更紧张的负性情感反应（如 2 高 >1 高，2 低 >1 低），这时，被试倾向于选择愿意经历只有 1 个负性生活事件的情境。因此，当事件有相似的情绪紧张时，“负性事件越多越糟糕”。在以正性生活事件为材料的研究中，也得出了相似的结论：当给被试呈现 1 个高正性生活事件时，比 1 高 +1 低正性生活事件被试感觉更积极——正性生活事件越少越好。然而，当这些事件有相似的情感强度时，会得到累加效应——正性生活事件越多越好。

为什么会出现与我们的常识和预期不同的研究结论呢？不同的研究结论有不同的理论解释。在第二节我们将详细介绍生活事件影响个体情感反应和行为选择的相关理论。

第二节　生活事件影响情感和行为的相关理论及研究

生活事件如何对个体的情感反应和行为选择进行影响，实质上涉及个体在面对不同的生活事件情境时，如何进行感受，并做出决策和选择。关于个体在面对不同事件情境时的决策过程以及伴随产生的情感体验，有如下几个相关的理论来进行解释。

一、相关理论介绍

（一）经济 / 行为研究

行为学和经济学的观点认为："正性生活事件越多越好、负性生活事件越多越糟糕"（董志勇，2006；Horesh et al.，2003）。例如，在行为研究中，有个非常肯定的假设：将一个正性的刺激加入已经存在的正性环境中，将会增加对那个刺激的偏好；将一个负性刺激增加到一个已经存在的负性环境中，会减少对那个刺激的偏好（Hull，1943；Young，1936）。同样，在古典经济学的研究中认为人是"理性经济人"，实现个人利益最大化是"经济人"行为的最大目的，为此每一个"经济人"都能通过成本—收益分析的方法，遵循趋利避害的原则，对所面临的一切机会和手段进行优化选择，从而使选取的方案自然达到其偏好尺度的最高点（王官诚，2008）。"经济效用模型"（Economic Utility Model）中的折扣效用模型（Discounted Utility）也有"越多越好"的例子，比如"打折越多越好"。用英国经济学大师 Jeremy Bentham 的话说，个体应该会选择拥有最大效用的选项，这里的效用被界定为是和正性结果的数目正相关的（董志勇，2006）。

（二）平均 / 累加模型（Averaging/Summation Model）

平均 / 累加模型是从社会心理学中整体印象形成的理论（平均模型、累加模型和加权平均模型）中发展出来的（Anderson，

1965，1974，1981）。在印象形成过程中，当对他人形成印象时，平均效应是对他人的各种信息的集中趋势进行加工，以简单平均的方式处理要加工的信息。如对某人的印象，就是将此人的各个方面的评价加起来，然后求其平均数。而累加效应反映了对信息的累积影响，对他人片段信息的整合方式是累加的。以苏珊评价约翰为例，苏珊很喜欢约翰（+6），后来又知道他比较谨慎（+1），根据平均模型她将不再喜欢他，因为平均数（+3.5）比原来低。但根据累加模型，她会更喜欢他，因为一项正性信息加到已经存在的正性印象之上，值将会大。可惜支持累加效应的研究不多。后来，Anderson（1968）提出了加权平均模型，该模型认为人们形成整体印象的方式是将所有特质加以平均，但对较为重要的特质给予了较大的权重。如 Fiske 等（1980）发现，人们在形成整体印象时，对负性信息比对正性信息给予较大的权重，即在其他条件相同的情况下，负性特质对印象形成的影响比正性特质大。相对前两个模型而言，加权平均模型能够解释的范围更广。总体来说，对信息的平均效应和累加效应进行了解，是有其重要的意义的。就平均效应而言，理解已经发生的事情并预测未来事件的发展是人类的本性。在刺激中建立一个集中趋势可以为个体提供一个很好的指标，用它来预测未来事件的发展。另外，“平均”信息可以让个体对不同强度水平和不同数量组合的信息进行比较。就累加效应而言，它是相对自动进行加工的。累加效应对事件的频率和重要性比较敏感，它使个体对资源的损耗和积累更为关注，并且能够提供达成一个目标所需要资源的信息。如此一来，它能为个体提供当前环境和未来环境潜在需求的重要信息。

后来，Seta 提出了一个对各种不同来源的信息（如观众、人群、社会影响和应激）进行反应的平均 / 累加模型（简称 A/S 模型）(Seta，Crisson，Seta，& Wang，1989)，Seta 认为这个模型同样适用于对生活事件反应的领域。A/S 模型假设人们对生活事件的集中趋势以及生活事件的频率和累加趋势都很敏感。根据这个模型，个体可以将情境中的各种组成进行平均，以判断这个情境的集中趋势；而情境中的每一个组成对个体来说都是一个截然不同的信息，如每一个生活事件又都可能对整个情境的总量产生影响。例如，如果个体对他生活中的负性生活事件的平均水平敏感，在一个高负性事件中增加一个低负性事件，可以降低负面影响。而如果个体对他生活中负面事件的总体水平敏感，增加一个低负性事件到高负性事件的情境中，可能导致负性影响的增加。因此，个体对生活事件组成的平均效应和累加效应都应该敏感。下面是平均 / 整合模型（*A/S* Model）的表达式：

$$R=\frac{V_1\left[\dfrac{W_0S_0+W_1S_1+W_2S_2+\cdots}{W_0+W_1+W_2+\cdots}\right]_1+V_2\left[W_0S_0+W_1S_1+W_2S_2+\cdots\right]^{t<1}}{V_1+V_2}$$

第一个括号是平均效应，第二个括号是累加效应。R 指的是个体对情境的各种组成的全部反应。S 是各种组成的效价值（刺激量），S_0 代表情境中第一个成分，S_1、S_2……代表个体各个信息源的效价值（刺激量）。W 表示刺激的权重或者重要性，V 表示两类整合效应的强度，V_1 代表平均效应的强度，V_2 代表累加效应的强度。$t<1$ 表示情境的多余特征边际效应递减（Seta et al.，2008*b*）。

基本上，这个公式表达了一种整合情境中各种组成的方法，包括个体对各种成分的平均效应（第一个括号）和每一个单独成分累加效应（第二个括号）的敏感性。情境中的每一个刺激（S）都会对这些组成的平均效应和累加效应起作用，并且这些刺激结合起来产生对这个情境的总体反应（R）。根据 Anderson（1981）的研究，根据判断的维度（如负性程度、正性程度、地位水平等），每一个刺激都有一个值，在判断情境中，每一个刺激通过它的相对重要性进行加权（W）。另外，累加效应要乘一个幂数（$t<1$）表示情境的多余特征边际效应递减功能。这种边际递减效应在大多数知觉现象中都出现过，如两个相似的正性生活事件发生比其中一个正性事件发生感受到的愉悦强度并不是绝对的累加关系（如 2∶1），而是相对增加（如 1.2∶1）的关系。平均和累加趋势也可能随着它们在个体反应上的相对强度（V）而发生变化，这个强度因素会被下面这些因素影响：平均和累加过程对心理资源的要求，以及情境中个体能够使用的心理资源等。例如，平均过程比累加过程需要更多的资源，因此在认知资源较少的情况下，平均效应比累加效应更少发生。

A/S 模型推论到实际生活中，具体来说，当两个刺激在刺激水平上相对有差异时（例如，一个高负性事件和一个低负性事件），这些事件结合在一起产生的影响比一个单独的高负性事件产生的影响小，发生平均效应的可能性（强度）大于累加效应。原因是增加一个低负性事件大大降低了代表这个情境的平均效价，并且在负性后果的总量上有很小的增加。然而，当低负性事件加入一个相似的低负性事件中，增加了负性后果的总量，但是对平均效价只有微弱的影响，发生累加效应的可能性（强度）大于平均效应。A/S 模型的这个假设在言语的（口头报告）、行为的和生理的研究中都得到了证明（Seta & Seta，1991，1996；Seta，Seta，& McElroy，2002）。例如，Seta 采用现场实验的方法，通过测量学生在同质和异质观众面前表演时的血压，发现学生表演时的血压在面对 1 个教师（高焦虑）和 1 个同学（低焦虑）的情境下比只有 1 个教师时（高焦虑）的情境下低——平均效应，而当被试在 2 个同学（2 低焦虑）的表现情境比 1 个同学（1 低焦虑）的血压高——累加效应（Seta & Seta，1992）。以生活中其他类型的压力作为刺激，也得到了相同的结果。这些结果符合 A/S 模型的数学模型。如果平均效应和累加效应的重要性是一样的，在下面情况下更可能增加情感强度：一个负性刺激（−2）加上一个与它强度相等的负性刺激（−2），增加相似情感强度的刺激对累加效应有更明显的影响。在现在的例子中，两个相似刺激的累加效应（−2+−2=−4）比一个单独的刺激更负性（−2），但是它们的平均效应（−2+−2= −4/2=−2）与只有一个负性刺激相同（−2）。然而，当刺激（−2）增加到明显不同的负性刺激中（−8），平均效应的影响更明显，增加的低负性刺激（−2）使平均负性影响降低 −3，而只对累加影响增加 −2（平均影响是 −5 [−2+−8=−10/2=−5]，累加效应是 −10 [−2+−8]，高负性事件的影响是 −8）。因此，平均效应更可能在刺激的情感强度明显不同的情况下被观察到。总之，A/S 模型假设被试对具有情感色彩事件的统计属性是敏感的，并且情感刺激的集中趋势和累加趋势对个体的选择偏好和情感反应是有帮助的。

Seta 等人（2008a，2008b）采用不同的负性生活事件和正性生活事件对人的情感评定和反应选择进行研究，发现了前面提到的非常有趣的结论，并支持了 A/S 模型的假设。两个研究均采用行为实验法通过系列实验调查了个体对生活事件的情感反应和行为选择。首先让被试看实验材料中呈现的事件，并诱发他们的真实情绪体验，让被试用“101 等级”标识出这些事件让他们感觉负性或者正性的程度，“0”表示“低负（正）性”，“100”表示“非常负（正）性”。另外，要求他们用画圈的方式在两个选项中（高，高+低）选择愿意经历哪一个。在以负性生活事件为材料的研究中，3 个实验调查了个体对负性生活事件的选择和情绪性反应。当被试在 1 个高负性生活事件下比他们在 2 个负性事件的情况（复合情境：1 个高负性和 1 个低负性生活事件）下，被试有更紧张的负性生活体验，被试也更倾向于选择愿意经历包含 2 个负性事件的情境。因此，当事件带来强度不同的情绪性紧张强度时，“负性生活事件越多越好”。然而，当被试在相似的情绪紧张强度的事件下时，2 个低负性事件比 1 个低负性生活事件产生更紧张的负性情感反应。被试倾向于选择只有 1 个负性生活事件的情境。因此，当事件有相似的情绪紧张时，“负性事件越多越不好”。这些结果与平均 / 累加模型（A/S 模型）是一致的。在以正性生活事件为材料的研究中，6 个实验报告了个体对正性生活事件的感知和面对不同强度、数量的正性生活事件组合时，他们的反应选择。结果表明，在正性生活事件有明显不同的情感强度时，个体通常对这些事件的平均水平进行反应，并且喜欢较少（相比较多而言）的正性事件，并支持生活事件的平均 / 累加模型。例如，当给被试呈现 1 个高正性事件比 1 高 +1 低正性事件感觉更积极。然而，当事件有相似的情感强度时，会得到累加效应——越多越好。在证明平均和累加效应的过程中，该研究也描述了很多正性生活事件越多越好的情形（累加效应）和越多越坏的情形（平均效应）。最终结果表明，当事件之间的感情强度差异大的时候，会获得平均效应；当差异比较小时，会获得累加效应。Seta，Garren Jr 和 Seta（2011）以相似的研究方法，通过系列实验让被试判断遭遇不同强度的性骚扰事件时个体感受到的严重性，同样发现个体的感受符合平均 / 累加模型。

虽然生活事件不是有明显统计意义的数据，但是它们也有一定的情感强度和差别，用 A/S 模型做出的**解释是：有差别的事件更可能产生平均效应是因为他们增加了平均效应的权重和作用（相比累加效应而言），而相似的事件更可能产生累加效应是因为他们增加了累加效应的权重和作用（与平均效应相比）**。当面对的生活事件有相似的情感强度时，中心趋势明显。因此，注意力不需要指向建立平均值，而是让注意力集中在总和上——一个事件是如何建立在另一个事件上的（例如，每个事件是如何消耗资源或者对实现目标做贡献的）。然而，当面对情感强度不同的生活事件时，集中趋势不明显，因此可能将吸引个体大部分的注意力。因此，个体对生活事件的反应可能是平均、累加或者两者兼而有之。

（三）峰 – 终定律（Peak–End Rule）

与经济学假设人是理性的不同，“峰 – 终定律”认为人是感性的，并且峰 – 终定律与 A/S 模型都反对“经济效用模型”的观点——“效用总是与事件的价值总量正相关”。但峰 – 终定律在刺激呈现方式、情感强度和持续时间方面又都与 A/S 模型不同。

诺贝尔奖得主、心理学家 Daniel Kahneman 经过深入研究，发现人们对一段经历的记忆由两个因素决定：高峰（无论是正向的还是负向的）时与结束时的感觉，这就是峰 – 终定律。这条定律基于我们潜意识总结体验的特点：我们对一项事物体验之后，所能记住的就只是在顶峰（peak）与结束（end）时的体验，而在过程中好与不好体验的比重、好与不好体验的时间长短，对记忆几乎没有影响。而这里的“峰（peak）”与“终（end）”其实就是所谓的“关键时刻 MOT(Moment of Truth)”,最终的感受根据“峰”和“终”感受的平均值来确定,可以用公式表达为：最终的情感体验 =(Peak+End）/2。

峰 – 终定律得到了大量研究结论的支持。相关的研究主要采用的是经验回顾评价的方法，研究者让被试处在各种引起情感的刺激中，用情感量表连续记录某段时间内每时刻的情感强度，然后对这段时间的总体情感体验提供回顾评价。Kahneman 等人（Fredrickson&Kahneman，1993；Redelmeier&Kahneman，1996）通过研究发现被试通常忽视一段事件情节的持续时间，并且将注意力集中在这个情节的顶峰和结束时的强度上。例如，在结束时突然变得更糟的负性情境与那种持续了一段时间，并且持续的这段时间只是稍微有些负性的情境相比，前者会被知觉为更负性。其他的研究也在厌恶的刺激和正性事件的情境中发现了这种“忽视持续时间”的现象（Ariely & Zauberman，2000；Chapman，2000；Fredrickson & Kahneman，1993；Redelme-ier & Kahneman，1996；Redelmeier,Katz & Kahneman,2003)。Kahneman 等（1993）让当事人连续体验令人厌恶的感觉。在短实验中，被试把他们的手浸泡在冷水中 60s，在长实验中，先让被试在冷水中泡 60s，然后在次冷的水中泡 30s。在之后让被试选择重复体验其中一种刺激时，很多被试选择长时间的实验，即使要额外泡 30s。Schreiber

和 Kahneman（2000）进行了这样一个实验，让两组人听相同时间的强噪声，然后 A 组停下来，B 组接着再听一段时间的弱噪声。照理说，B 组的人比 A 组的人受了更多的折磨。但是，实验结果却表明，B 组的痛苦指数要低得多。这就是“峰 – 终定律”在起作用。Redelmeier 和 Kahneman（1996）以病人为对象的研究也发现，如果在对病人进行结肠镜检查之后附加一个轻微的痛苦刺激，那么病人对结肠镜检查痛苦程度的评价会降低。Fredrickson 还在 2000 年回顾了支持峰 – 终定律的一系列实验（Fredrickson,2000）。峰 – 终定律对违反直觉的一系列结果进行了解释，这些结果表明只要一段经历是以一个相对较低的痛苦作为终结，那么人们更愿意选择在客观上更加痛苦的经历。

以上的研究均以负性体验或经验作为研究对象。在以正性体验为对象的研究中也同样发现了峰 – 终定律的作用。在 Diener，Wirtz 和 Oishi（2001）的研究中，让被试评价别人的“幸福生活”，突然结束的幸福生活比持续了几年时间的相对好的生活，前者会被认为更可取。在电视广告的研究中也发现，当广告具备高强度的峰值体验和强烈的正性终结体验时，这时人们对电视广告所带来的正性情感评价更高（Baumgartner，Sujan，& Padgett，1997）。在另一项研究中，让被试观看一系列情感的愉悦程度和持续程度均不同的视频片段，然后要求被试进行回溯性评价。结果发现，被试基本上忽略场景片段的情感持续性，而仅仅依据一个或两个场景时刻就做出评价（Fredrickson & Kahneman，1993）。Amy，Alexander 和 George（2008）则将对情感的评价推广到实物领域，结果发现峰 – 终定律同样适用于对实物所带来的情感所进行的评价。对学习过程的研究也发现，当学习任务以愉快的高峰体验结束时，人们将该学习任务评价为“更为容易”（Hoogerheide & Paas，2012）。另外，片段的巅峰和终结的强度、对事件的评价和记忆也被证明依赖片段序列的其他方面，如片段中好的和坏的方面是如何分布在不同的时间上的（Loewenstein & Prelec，1993）。由此可以看出，峰－终定律认为个体对生活事件的情感和行为反应主要受事件的顶峰和结束时的情感强度的影响，这是与 A/S 模型不同的。

但是也有研究发现，经验回顾并不总是符合峰－终定律，受经验时间、事件构成等因素的影响（Kemp，Burt & Furneaux，2008），如最新的研究发现短时间经验的回顾评价符合峰－终定律，而长时间经验的回顾评价不符合峰－终定律（耿晓伟，郑全全，2011）。当评价混合事件（既包括正性事件，也包括负性事件）时，平均效应比峰－终定律能更好地预测人们的情感体验（Miron-Shatz，2009）。

（四）心理账户（Mental Accounting）

1956 年，赫伯特·西蒙（Herbert Simon，1978 年诺贝尔经济学奖得主）提出了“有限理性”模型，第一次提出个体决策与判断的思维活动并不是完全建立在数学和逻辑基础之上，而是建立在人的情感、理念和经验基础上。在这一基本理论指导下，心理学家丹尼尔·卡尼曼（Daniel Kahneman）开展了一系列实证研究，发现影响人们决策行为偏离理性轨道的心理认知规律，并提出了“前景理论”（prospect theory），以解释人类在不确定条件下的判断和决策行为。在此基础上，美国芝加哥大学行为科学教授理查德·萨勒（Richard Thaler）于 1980 年将卡尼曼的心理认知规律与经济学很好地结合起来，提出了决策行为的“心理账户”理论，成为行为经济学中的一个重要概念（Thaler，1980）。

心理账户理论认为，人们都有两个账户，一个是经济学账户，另一个是心理账户，心理账户的存在影响着我们的消费决策。简单地讲，心理账户就是人们在心理上无意识地把资源划归不同的账户进行管理，不同的心理账户有不同的记账方式和心理运算法则。由于心理账户的存在，个体在做决策时往往会违背一些简单的经济运算法则，从而做出许多非理性的消费行为。经济学账户里，每一块钱是可以替代的，只要绝对量相同。在心理账户里，对每一块钱并不是一视同仁，而是视不同来处，去往何处采取不同的态度。1999年，萨勒发表“mental accounting matters”一文，这是对近20年“心理账户”研究的一个总结（Thaler，1999）。在文章中，萨勒认为：心理账户的三个方面倍受关注，首先是对于决策结果的感知以及决策结果的制定及评价，心理账户系统提供了决策前后的损失—获益分析；其次涉及特定账户的分类活动，资金根据来源和支出划分成不同的类别（住房、食物等），消费有时要受制于明确或不明确的特定账户的预算；最后涉及账户评估频率和选择框架，账户可以是以每天、每周或每年的频率进行权衡，时间限定可宽可窄。因此“心理账户”是人们在心理上对结果（尤其是经济结果）的编码分类和估价的过程，它揭示了人们在进行财富（资源）决策时的心理认知过程。

心理账户的本质特征是它的非替代性（Thaler，1985）。所谓非替代性，是指个体会把金钱划分到不同心理账户，而每个心理账户中的钱具有不同的功能和用途，彼此之间不可替代。具体表现为下面三种情形：一是将每次的收入或者各种不同方式的收入分在不同的账户中，不能相互填补；二是将不同来源的收入做不同的消费倾向；第三种情形是用不同的态度来对待不同数量的收入。例如，如果今天晚上你打算去听一场音乐会，票价是 200 元，在马上要出发的时候，你发现把最近买的价值 200 元的电话卡弄丢了。你是否还会去听这场音乐会？实验表明，大部分的回答者仍旧去听。可是如果情况变一下，假设你昨天花了 200 元钱买了一张今天晚上的音乐会门票，在你马上要出发的时候，突然发现把门票弄丢了。如果你想要听音乐会，就必须再花 200 元钱买张门票，你是否还会去听？结果是大部分人不会去了。可仔细想一想，上面这两个回答其实是自相矛盾的。不管丢的是电话卡还是音乐会门票，总之是丢失了价值 200 元的物品，从损失的金钱上看，并没有区别。之所以出现上面两种不同的结果，其原因就是大多数人的心理账户的问题。人们在脑海中，把电话卡和音乐会门票归到了不同的账户中，所以丢失了电话卡不会影响音乐会所在的账户的预算和支出，大部分人仍旧选择去听音乐会。但是丢了的音乐会门票和后来需要再买的门票都被归入了同一个账户，所以看上去就好像要花 400 元听一场音乐会了，人们当然觉得这样不划算了（Tversky & Kahneman，1981）。

心理账户理论有其自身的运算规则（李爱梅，凌文辁，2007）。萨勒认为：人们在进行各个心理账户运算的时候，实际上就是对各种选择的损失 - 获益进行估计，成为“得与失的构架”。为了更好地探讨心理账户的价值运算如何影响人们的经济决策行为，卡尼曼教授在“前景理论”中提出了“值函数”（value function）的概念（Tversky & Kahneman，1981）。它有三个重要的特征：第一，值函数是人们在决策行为时对于某个参照点的相对得失的详细说明，人们的“得与失”是个相对概念而非绝对概念。因此，参照点的变化会引起人们主观估价的变化。第二，“得与失”都表现出敏感性递减的规律。值函数的曲线是一条近似“S”形的曲线，盈利曲线为凹形，亏损曲线为凸形。离参照点（原点）愈近的差额人们愈加敏感，反映了价值曲线的边际递减特征（见图 1.1）。所以，无论是获得还是损失，人们感觉到 1 元到 2 元的差额似乎比 100 元到 101 元的差额更大。第三，损失规避。人们对损失和获得的敏感程度不同：同等数量的损失比收益对人的影响更大，因此在决策的时候人们尽量回避损失，表现在价值函数曲线上，损失曲线的斜率比获益曲线的斜率更大。例如丢掉 100 元钱所带来的痛苦比捡到 100 元的愉悦感更强烈。

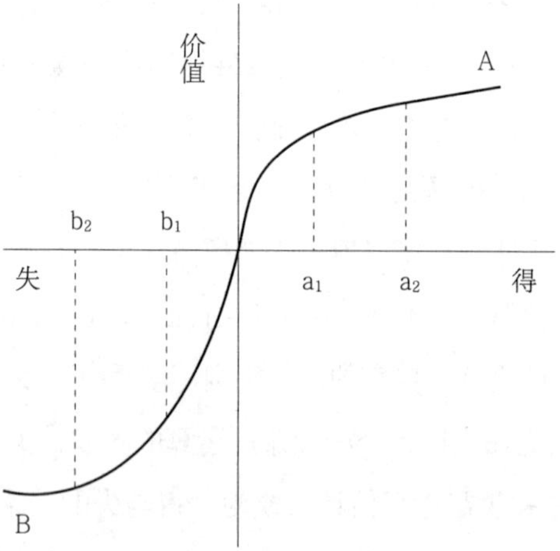

图1.1　价值函数

资料来源：Kahneman 和 Tversky（1979）。

前景理论最初的构想是对单一的结果建立反应。后来，

Kahneman 和 Tversky 用前景理论解释对多个事件的反应。Thaler 的心理账户理论拓展了对多个事件进行判断的分析。Thaler 认为，对多个事件的价值进行分析主要依赖于这些组织在一起的事件是属于相同的心理账户还是不同的心理账户。如果它们属于同一个心理账户，在被前景理论的价值功能主观评估之前，在心理上已经结合在一起了。后来，Thaler 等人在心理账户中又提出了享乐主义加工的假说（hedonic editing hypothesis），这个假说认为人们的心理运算的过程并不是追求理性认知上的效用最大化，而是追求情感上的满意最大化，所以推动人们是分离还是整合事件依赖于哪种账户会产生最具有吸引力的结果。心理账户关于获得与损失有两种编码规则：分离收益（两笔盈利应分开）和整合损失（两笔损失应整合）。根据这两种规则，如果面对的生活事件是正的（可以获得收益的），个体偏好分开价值，所以 2 个正性的生活事件应该比 1 个好。假如想送朋友两件礼物：一套衣服和一个健身器，最好分两次送。每次送一件礼物所带来的心理体验比一次送两件礼物的心理体验高。如果面对的生活事件是负的（意味着损失），个体偏好整合价值，即 1 个负性生活事件比 2 个要好。如旅游收费时，最好一次收齐并留有余地，若有额外开支一次次增收，虽然数量不多，游客仍会牢骚满腹。心理账户的研究一般采用的是情景实验的方法，让被试在设定好的实验情境中进行选择。Thaler 和 Johnson（1990）通过研究也证明了，即使事件有相同的数字效价，比起一个正性事件（如获得 100 美元），个体更喜欢两个独立的正性事件（如两次分别获得 50 美元）；而相对于两个负性事件（如两次分别丢失 50 美元），个体更倾向于选择一个负性事件（如丢失 100 美元）。按照心理账户的解释，个体在面对多个生活事件（正性或者负性）时，肯定比面对一个生活事件（正性或者负性）时感觉更正性或者更负性。但是，心理账户没有考虑事件的发生时间对个体的影响。已经有研究发现，当面临两个损失同时发生的情况下，个体并不是倾向于整合两个损失，而是倾向于分开（Linville & Fischer，1991），这与心理账户的编码规则不符。

二、几种理论之间的比较

为什么不同理论在解释生活事件对个体反应的影响时存在较大差异？对生活事件加工的几种相关理论进行比较，可以发现它们之间既有区别又有联系。主要表现在以下几个方面。

（一）绝对理性 VS 有限理性

根据经济模型，人是“绝对理性”的，个体总是将每个结果的效用进行相加。所以坚持认为：正性生活事件越多越好，负性生活事件越多越糟糕。与经济模型相比，平均 / 累加模型和峰 – 终定律都认为人是“有限理性”的，在他们的研究中都得出结论：效用并不总是与事件价值的总和正相关的，即并不是越多越有用。同样，心理账户也通过大量研究发现，由于消费者心理账户的存在，个体在做决策时往往会违背一些简单的经济运算法则（如，50 元 +50 元 =100 元），从而做出许多非理性的消费行为（如，50 元 +50 元 >100 元），这也与经济模型是不同的。目前，研究者已经普遍接受了人是“有限理性”的观点。

（二）A/S 模型 VS 峰 – 终定律

A/S 模型与峰 – 终定律都认为人的情感反应和行为选择应该是

一致的，并且都关注对不同强度刺激的反应。虽然 A/S 模型和峰－终定律都认同人是“有限理性”的，但它们又在几个重要的方面有所区别。第一，在发生顺序方面：与峰－终定律相比，A/S 模型认为事件出现的顺序不是一个关键的维度。A/S 模型认为，因为寻找集中趋势的原因，1 个低正性事件 +1 个高正性事件比只是 1 个高正性事件产生较少的积极影响，而不管刺激的出现顺序是怎样的。所以，不论是在“1 高 +1 低”的情境下，还是在“1 低 +1 高”的情境下（事件的顺序不同），A/S 模型都会出现平均效应。而峰－终定律却认为，事件的发生顺序是一个重要的特征，“1 高 +1 低”生活事件（高在前）和“1 低 +1 高”（低在前），根据其公式：最终的情感体验 =（Peak+End）/2，会表现出平均效应不同。第二，事件之间的强度差异。A/S 模型把事件之间的差异考虑进预期之中，当事件之间的情感强度有明显差异时，平均效应比累加效应更容易出现。峰－终定律不特别强调“峰”和“终”之间的差异,无论“峰”、“终”有无差异，都会出现平均效应。而按照 A/S 模型的假设，如果事件之间没有差异，则会出现累加效应。第三，时间特点。峰－终定律的研究对象是连续的经验，事件的时间序列是这类研究的明显特征。相反，A/S 模型是研究并列的事件或者刺激的（如，演讲者面对不同的听众时产生的体验不同，当观众是由多人组成时，演讲者同时出现在所有观众面前，面对不同地位的人组成的观众群体，演讲者的紧张程度不同），在这类情境中，刺激是并列的，序列信息不明显。在生活事件的研究中，呈现的事件都是不连续的和独特的。因此，时间顺序在 A/S 模型的研究中，不是一个明显的特征（Cojuharenco & Dmitry，2008）。

（三）A/S 模型 VS 心理账户

心理账户与 A/S 模型最大的区别在于，心理账户理论认为人的选择与情感感受并不是一致的，并不是情感感受越积极越趋向选择，越消极越逃避选择，而是受“享乐主义的假说”影响。A/S 模型和心理账户的关系主要表现在个体对不同刺激的选择上。心理账户中关于“得与失的框架”中有“分离收益”和“整合损失”两种编码规则。当面对正性生活事件条件下（收益），多个事件比 1 个事件好；而当面对负性生活事件（损失）时，人们感觉多个事件比 1 个更糟糕，尽管有时这些多个事件可能和 1 个事件在总量上是一致的。而 A/S 模型的提出者 Seta 等人认为（Seta et al.，2008a，2008b），与心理账户理论相比，A/S 模型认为，不管事件的性质如何（正性或者负性），两个独立的事件都有可能比一个独立的事件优先选择，也有可能相反，这些结果依赖于这些事件在情感强度上的差异。所以，A/S 模型认为，心理账户只能解释 A/S 模型中的一部分内容：在生活事件的刺激相似时人们的反应选择，即如果面对的刺激的强度相似时，A/S 模型和心理账户的解释是一致的。可能的原因是，在生活事件的情感强度相似时，个体倾向于将它们放入同一个心理账户进行加工，表现出累加效应。而不能解释在生活事件情感强度有差异时，个体的反应选择。但事实是否如此，需要通过更多的研究加以证明。

三、原因分析

通过对不同理论的比较与分析，以下因素在生活事件的具体研究中可能会影响研究结果的一致性，进而制约着理论的解释力。

（一）解释视角

现代应激理论认为，应激是个体面临或察觉（认知、评价）到环境变化（应激源）对机体有威胁或挑战时做出的适应和应对的过程。它包括应激源、中介变量和心理—生理反应三部分（王明辉，张淑熙，2003；Lazarus & Folkman，1984）。在此理论框架下对上述三种理论进行分析发现，三个理论的解释视角不同，A/S 模型和峰－终定律从应激源的角度，重点解释生活事件本身的特点对个体产生的影响，而心理账户则是从反应输出（选择）的视角，重点强调个体对生活事件的不同编码过程及行为选择。在每种解释视角下，不同理论关注不同的变量（生活事件的强度、顺序、时间等）对个体反应的影响，在解释生活事件的影响机制时就具有不同的适用性，所以有较大的差异，见表 1.1。

表1.1　三种理论在生活事件不同条件下的适用性

	生活事件情感强度		时间特点		事件顺序		选择与情感的一致性	
	有差异	无差异	有	无	有	无	一致	不一致
A/S模型	√	√				√	√	
峰-终定律			√		√		√	
心理账户		√						√

（二）研究方法

从研究方法来看，A/S 模型采用的研究方法是现场实验和预期评价的方法。现场实验的方法从口头和生理方面寻找个体反应的依据，如演奏时血压的变化，研究结果指向当下；而预期评价的方法让被试看不同特点的材料，评价可能产生的情感强度和行为选择，研究结果指向未来。峰－终定律采用的研究方法是经验回顾评价，重点研究的是对过去持续一段时间的生活事件的情感体验和行为决策，研究结果指向过去。心理账户主要采用决策评价的方法，采用的是有明确数量特征的材料，这些材料相对独立，考察被试在面对不同性质和数量的事件时，人们的决策倾向，研究结果指向当下和未来。实际上，当生活事件发生在过去、当下和未来时，人们的情感和行为反应并不一致，这也可能是导致不同结果出现的原因。

（三）生活事件的界定及测量

生活事件存在着性质、强度、类别等多方面的差异，不同的生活事件对个体的影响也并不一致。在具体研究中，不同理论都对生活事件的性质进行了考虑。除此之外，A/S 模型中采用的生活事件虽不具有明显的统计色彩，但是对生活事件的情感强度进行了明确的区分，对高低强度的生活事件均作了考虑（如高负性生活事件“与一个重要人物吵架”、低负性生活事件“走路被绊了一跤”）。心理账户中的刺激材料具有明显的统计属性（如“丢失 50 元钱”等），有些刺激材料虽然没有明显的统计属性（如“一次送礼物”还是“分次送礼物”），但这些刺激材料的统计总量是相等的。而峰 - 终定律的研究大多使用的是小生活事件（如冷水刺激、噪声、日常琐事等）。由此可见，在不同理论框架下所进行的研究，对自变量——生活事件的界定和实际操作均不一致，这必然会导致研究结果的不一致。

（四）其他变量的影响

在现实生活中，生活事件对个体的影响，除与事件本身的属性有关外，还受个体特征、社会环境、文化背景等多种因素的影响。研究发现，个体的应对策略（Garnefski & Kraaij，2009）、问题解决技能（Grover et al.，2009）等，均会影响个体对生活事件的心理反应。社会支持等社会因素与负性生活事件一起，能够交互预测个体的贪食症状（Bodell，Smith，Holm-Denoma，Gordon，& Joiner，2011）。Baldwin，Brown 和 Wayment（2011）的研究发现，文化认同在应激生活事件和风险行为（如药物滥用）之间发挥着间接作用。但对以上理论的研究进行分析发现，在研究过程中普遍存在缺少对其他变量的控制问题。由于缺少对其他变量影响的控制，可能会导致其他变量干扰和影响研究结果，造成研究结论的不一致。例如，在 A/S 模型和峰 – 终定律的具体研究中，均缺少对个体认知层面的变量（如认知评价、应对方式等）的平衡和控制。这些变量的存在很可能会造成研究结果的不一致，进而影响理论的解释力。

四、启示与展望

通过对以上相关理论和研究进行梳理和对比，可以得出以下几点启示，并在未来的研究中，从以下几方面进行突破。

（一）理论模型之间的鉴别与整合

生活事件对个体情感反应与行为选择影响是复杂的，不同的理论可能有不同的适用性。面对众多可解释的理论，个体对生活事件的加工是一个单一的框架，即用单一的理论来解释；还是一个复合的框架，需要综合各个理论解释的范围，形成一个复合的理论？未来的研究可以从两个方面考虑。

其一，如果是单一的框架，面对众多可解释的理论，哪种理论解释是更合理的？如峰 – 终定律和 A/S 模型都认为可以解释生活事件情感强度不同时的事件加工，哪个是更合理的？峰－终定律强调时间特点，A/S模型没有做时间特点方面的研究，是否时间特点不适用A/S模型？心理账户是否只能对情感强度无差异时的结果进行解释，在生活事件强度有差异时能否适用？在未来的研究中可以控制相关变量进行有针对性的研究。

其次，如果是复合的框架，在不同的条件下，对生活事件的加工，受哪些因素的影响？表现如何？根据前文的分析，在不同的条件下，对生活事件的加工不同的理论有不同的适用性。据此可以推测，是否存在着一个“生活事件的多重加工模型”。在控制无关变量干扰的情况下，该模型对于不同生活事件的加工采用一种多重判别加工的模式。这种判别加工根据生活事件的情感强度（有无差异）、事件类别（同类、异类）、发生时间（同时、先后）等多个属性分别进行多重判别加工。对不同的属性进行加工，适用不同的理论解释。综合多个属性的加工过程，形成一个多重的加工模式。此理论模型需要进一步通过实证研究来验证。另外，未来的研究也可以尝试建立一种涵盖范围更广的、解释力更强的理论，来阐释生活事件对个体影响的真正机制。

（二）生活事件的不同属性与个体属性之间的交互影响

在前人的研究中主要涉及了事件的性质、情感强度差异和数量对个体的情感反应和行为选择的影响。是否还有其他的生活事件的特点对生活事件的加工产生影响？在未来的研究中，可以考虑对生活事件的其他特点或者属性进行挖掘，如事件的可控性、是否有预期等，进而可以探讨生活事件的不同特点在不同的组合下的交互作用。另外，如前所述，在真实生活中，个体对不同生活事件的反应既受生活事件本身的特点影响，也与个体特征等因素有关。因此，在未来的研究中，需要将生活事件本身的属性和与个体有关的属性综合进行考虑，通过多因素、多属性的实验设计来深入探讨变量之间的交互作用，以期发现更为深入的特点和规律。

（三）研究方法的多元化

生活事件影响个体情感反应和选择的大多数研究是通过模拟实验研究来论证假设，操作上一般是让被试进行想象或者回忆，但对个体真实的反应和内在的心理机制的挖掘还不够深入。从某种程度说，个体面对不同生活事件情境的反应过程是一种心理认知过程，出现一系列现象根源于人们的认知规律和认知偏差。未来的研究方法应该逐渐多元化，如现场实验、计算机模拟等，以期发现更为真实的反应。另外，在未来的研究中，还可以借鉴认知神经科学的研究技术和工具，找到生活事件对个体产生影响的神经生理基础。这些方法的应用将使生活事件对个体影响的研究更加科学化，也会产生更多有价值的成果。

第二章　研究的总体设想

第一节　问题的提出

一、影响生活事件加工的因素分析

综合前人的研究，生活事件如何对个体的情感反应和行为选择产生影响，不同的理论之间仍然存在较大的分歧，意见不一。到底人们对生活事件的加工受哪些自身因素的制约，通过对以上的理论和研究进行梳理和分析，笔者认为主要有如下影响因素。

（一）生活事件的性质

在 Seta 等（2008a；2008b）的研究中，分别以负性生活事件和正性生活事件为材料，研究个体的情感和行为反应。结果发现，无论个体是面对负性生活事件还是面对正性生活事件，都发现了平均效应和累加效应，并且划定了生活事件“越多越好”和“越多越坏”的情境。在情感反应中，无论是正性生活事件还是负性生活事件，当个体面对的生活事件的情感强度有差异时，多个生活事件产生的相应情感下降，表现出平均效应；而当个体面对相似情感强度的事件时，多个生活事件产生的相应情感增加，表现出累加效应。

在选择方面，当个体面对的生活事件的情感强度有差异时，正性生活事件条件下，个体倾向于选择较少数量的选项；而在负性生活事件条件下，个体倾向于选择较多数量的选项。这与情感评定的结果是相一致的。由此可见，生活事件的性质（正性和负性）是一个重要的影响因素。

（二）生活事件的强度差异

生活事件按照强度可以分为重大生活事件和小生活事件。重大生活事件主要是指那些重大的、强度比较大的生活变化，如结婚、离异、疾病等。小生活事件主要是指那些强度较弱，但是容易让人产生应激反应的事件，如丢失物品、访亲探友等。在前人的研究中，分别采用了不同强度的生活事件探讨生活事件对人的情感和选择反应的影响。当强度相同的生活事件在一起时，会增加该情境的情感强度。如 2 个低正性（负性）生活事件的情感评定得分高于 1 个低正性（负性）生活事件的情感评定得分，出现了累加效应。而强度不同的生活事件在一起时，会降低该情境的情感强度。如 1 高 +1 低的正性（负性）生活事件的情感评定得分低于 1 高正性（负性）生活事件的情感评定得分。在 2 高 +2 低生活事件情境下，也发现了情感强度低于 2 高生活事件的情况。综上所述，生活事件的强度是另一个重要的影响因素。

（三）生活事件的数量

在前人的研究中，认为生活事件的数量对人的影响有三种观点：一是无论在什么情况下，负性生活事件越多越糟糕，正性生活事件越多越好；二是在生活事件有差异时，负性生活事件并不是越多越糟糕，正性生活事件也并不是越多越好；三是当生活事件的结果大体一致时，两个生活事件在一起的选项和一个生活事件的选项相比，个体的选择根据事件性质而异，相比一个正性事件，个体更喜欢两个正性事件，多个比一个好；而对于两个负性事件，个体更倾向于选择一个负性事件，多个不如一个好。经济模型支持第一种观点，而平均 / 累加模型和峰 – 终定律都支持第二种观点，心理账户支持第三种观点。简而言之，生活事件的数量是第三个重要的影响因素。

二、研究问题的提出

生活事件对个体情感反应和选择的研究是当前生活事件研究的基本问题，也是一个新的热点问题，在这一问题上，目前主要存在着行为 / 经济理论、平均 / 整合模型、峰 – 终定律和心理账户这四种理论解释。关于人是“有限理性”的假说已经得到较为普遍的认可。所以，当前研究所涉及的理论主要是平均 / 整合模型、峰 – 终定律和心理账户理论这三种理论。对这三种理论进行系统分析，就可以找到当前生活事件影响个体情感反应和行为选择研究存在的主要问题，为我们开展进一步的研究找到突破口。

（一）研究争议的具体分析

仔细分析平均 / 整合模型、峰 – 终定律和心理账户理论这三种理论争议的主要观点和实验证据，可以发现这三种理论争议实质上主要围绕着生活事件是如何加工的这一核心问题展开。通过第一章的生活事件的影响因素分析，可以发现这三个理论在不同的条件下有不同的适用性（见表 1.1）。三个理论之间的区别既有生活事件的特点（前因变量）的影响，也有情感反应和行为选择（结果变量）

的权衡问题。三个理论的着重点也不同，前两个理论强调生活事件的特点对个体的影响，心理账户着重强调从反应输出（选择）这个角度来解释生活事件对个体的影响。

（二）具体问题提出

通过对不同理论之间的比较与分析，可以得出一个共同点：生活事件对人们的影响，既需要从情感反应方面进行考察，也需要从行为选择方面进行考察，因此，在后面的研究中，需要结合这两个方面来综合考察生活事件对个体的影响。此外，对已有研究的梳理发现，生活事件的属性（性质、数量等）是一个重要的影响因素，除了前人研究中的生活事件的性质、强度差异大小和数量等特点，还有哪些生活事件的特点会对它们的加工产生作用，本研究拟考虑下面几个可能的因素。

第一，生活事件情感强度不同时，类别（同类还是异类）的影响。

根据 Seta（2008a，2008b）的结论，心理账户只能解释相似情感强度的生活事件对个体的情感和反应选择，不能解释情感强度有差异时个体的表现，即只能解释 A/S 模型中的累加效应。而根据心理账户理论，“对每一块钱并不是一视同仁，而是视不同来处，去往何处采取不同的态度”，那么个体面对不同来源的生活事件，也应该有不同的加工处理。所以，当相同类别的生活事件在一起时，即使这些相同类别的生活事件的情感强度有差异，还依然会得出平均效应吗？是否会因为类别相同，个体在心理加工时自动地放在了一起，即放在了同一个心理账户中，而会得出累加效应而不是平均效应？即当个体面对“1 高 +1 低”和 1 高的选项时，如果“1 高 +1 低”

属于同类型的生活事件，如都属于人际紧张方面的，那么个体可能会认为 1 高 +1 低的情感强度高于 1 高，会得出累加效应，而不是平均效应。在前人的研究中，没有考虑到类别这个因素，因此，在本研究中我们会将类别作为一个变量进行考虑。考察生活事件的情感强度有差异时，个体面对同类的和不同类的生活事件时，他们的情感反应和行为选择是否会有所不同。

第二，生活事件情感强度不同时，发生时间（同时发生 / 异时发生）的影响。

A/S 模型虽然不考虑事件的发生时间，但是在实际生活中，生活事件确实是有其时间特点的，可能是同时发生，也可能是陆续发生的。而且对 Seta（2008a，2008b）的实验材料进行分析，也可以看出是有发生时间的痕迹的，如在 1 高 +1 低的情境下，材料中所用的事件都不可能是同时发生的。如在负性生活事件的材料中，高强度事件是“与一个重要人物吵架”或“经历严重的汽车故障”，低强度生活事件是“在最后一堂课上把食物弄在你的衬衣上”；在正性生活事件的材料中，高强度事件是“和老朋友一起吃饭”或“初吻”，低强度事件是“在零售店免费品尝一小块食物”或“在自动饮水机处捡到 25 美分”。这些事件组合在 1 高 +1 低的情境中，大多是不能同时发生的，因为事件发生在不同的地点。而在真实的生活中，也经常会发生“屋漏偏逢连阴雨”、“雪上加霜”等同时发生的生活事件。因此，有必要考察时间因素对个体的情感反应和行为的影响。

当生活事件的情感强度有差异（1 高 +1 低）时，我们的假设推断可能会出现这样有趣的情况：虽然两个事件不是同类的，但是由于二者在同一时间段发生，要占用相同的资源来应对这些生活事件，可能会出现累加效应。同时还可以考察事件在同时发生的情况下，是否会出现峰 – 终定律？因为有了时间序列的特点，根据峰 – 终定律，对情感强度不同事件的反应受时间因素的影响。

第三，生活事件的情感强度相似时，发生时间对不同强度事件（高低）的影响。

当生活事件的情感强度相似时，前人的研究主要集中于情感强度比较低的生活事件的累加效应。对于情感强度较高的生活事件在一起呈现时，是不是也会出现累加效应？事件的发生时间，如同时发生和陆续发生时是否有一致的表现？这些问题以往的研究并没有考虑。本研究认为，当生活事件的情感强度相似时，不同性质（正 / 负）、不同强度的生活事件（如同高或者同低），事件发生的时间也会影响个体的情感和行为反应。在不同的条件下，会产生不同的行为结果。

第二节　研究设想和框架

一、研究设想

（一）生活事件的多重加工模型

根据前文的综述和分析，我们设想，生活事件对个体的情感反应和选择的影响受不同的生活事件条件和特点制约，表现在不同的条件下，生活事件的加工机制不一样。因此生活事件的加工并不是一个单一的框架，也不能用一个单一的理论进行解释，可能受生活事件的性质、数量、强度及其强度差异、发生时间等因素的影响，表现不同。前面提到的各种理论解释，只能解释其中的某一方面。所以我们将从一个更为全面的视角来考察个体对不同特点的生活事件的加工过程，可能的一个解释是生活事件的加工模型是根据不同生活事件的特点进行的多重加工，所以我们根据前人研究，提出了一个可以更为全面解释生活事件加工特点的模型——生活事件的多重加工模型。

生活事件的多重加工模型的理论假设是：对于不同生活事件的加工大体是一种判别加工的模式。首先根据生活事件的情感强度有无差异，可以分为两类情况分别进行加工：①当生活事件情感强度有差异时，a. 如果这些事件属于异类，生活事件的加工会出现平均效应；如果属于同类，则会出现累加效应；b. 如果这些事件有明显的时间顺序，则表现出峰－终定律的特点。②当生活事件之间的情感强度没有差异时，多个事件在一起加工会出现累加效应，a. 如果事件同时发生，产生的情感强度高于陆续发生，表现出累加效应；b. 如果多个高情感强度的事件在不同时间发生，受心理账户编码规则的影响，个体选择可能会表现出不同的偏好：负性事件同时发生好于陆续发生（整合损失），正性事件陆续发生好于同时发生（分离收益）；c. 如果多个低情感强度的事件在不同时间发生，个体偏好与高情感生活事件的偏好可能会有所不同。

（二）总体的研究目的

本研究拟通过对生活事件不同影响因素的研究探讨它们对个体的情感和行为选择的影响，从较为全面的视角认识其影响机制。同时，对生活事件的多重加工模型进行验证，并同时考察平均 / 整合模型、峰 - 终定律、心理账户在不同生活事件条件下的适用性。

第一，以大学生为被试，采用开放式问卷搜集大学生的正性生活事件与负性生活事件，并进行归类汇总和情感评定，目的在于区分不同类型、不同情感强度水平的事件，为后面的研究提供实验材料。前人的研究主要是在西方文化背景下进行的，而本研究是基于中国文化背景，以中国大学生为被试进行的，通过本研究的调查可以获得比较符合我国大学生实际情况的生活事件材料（正性生活事件和负性生活事件），同时对我国当前大学生实际经历的生活事件的特点进行考察。

第二，以情感强度不同的生活事件为研究重点，考察在此条件下生活事件的性质、组成、类别和时间特点如何对个体产生影响，检验情感强度有差异的生活事件在不同条件下的加工特点是否不同，检验并修正多重加工模型。此部分包括 3 个实验。首先，实验 1 考察个体对不同性质的情感差异事件的反应研究，检验平均效应在我国大学生被试群体中的适用性；其次，实验 2 探讨不同情感强度组成的生活事件在不同类别情况下个体的情感反应和行为选择；最后，实验 3 考察不同情感强度组成的生活事件的发生时间对个体的影响。

第三，以情感强度相似的生活事件为研究重点，考察生活事件的强度、组成、时间特点对个体产生的影响，检验并修正多重加工模型。此部分包括 2 个实验。实验 1 首先考察在情感强度相似的生活事件条件下，个体的加工是否表现出累加效应。在前人的研究中，没有探讨在情感强度较高的生活事件中的累加效应。因此，本研究将以情感强度较高和较低的生活事件为材料，探讨时间因素对个体情感和行为选择的影响，以期发现生活事件相似时，个体受生活事件发生时间特点影响的规律。本部分的研究中不考虑类别变量，这是因为根据前人研究，当生活事件来源不相同的情况下（如 Seta［2008a，2008b］的材料，如 2 低 >1 低）已经会出现累加效应，那么在生活事件来源（类别）相同时，也会得出累加效应，所以不再专门将类别变量作为考虑。

二、研究框架

采用问题驱动的研究思路，沿问题分解的逻辑层层剥茧展开研究。具体研究思路流程如下：

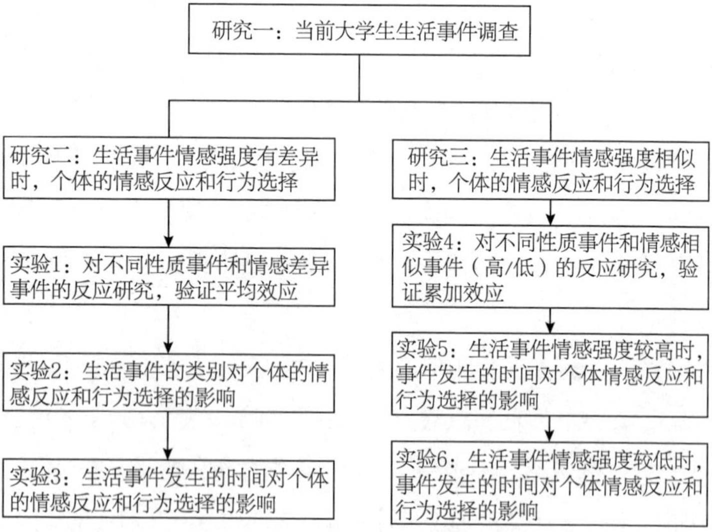

图2.1　研究思路流程

第三节　研究的意义

一、理论意义

第一，在研究方法上，本研究的主体采用的是实验法，通过严格的实验设计来探讨不同特点的生活事件如何对个体产生影响。作为探讨变量之间因果关系的主要方法，实验法的研究科学性更高，研究结果也更为可信。在目前的生活事件研究中，绝大多数进行的是以问卷测量和调查为主的相关研究、描述研究，而采用实验法进行的因果研究很少。因此，在研究方法上，该研究作出了有益的尝试与探索，对后续的类似研究可以提供方法借鉴和依据。

第二，在研究内容上，本研究详细探讨了生活事件的不同特点对个体情感和反应选择的影响机制。揭示了生活事件的性质、数量、强度差异、来源、时间发生特点等对个体的影响，并深入探讨了可能的原因，发现了行为／经济模型、峰－终定律、A/S 模型和心理账户等理论可解释的范围及其局限。而且，本研究不仅关注负性生活事件，而且从积极心理学的视角出发，对大学生的正性生活事件及其对情感和行为的影响作用进行了研究。这不仅大大弥补了国内外研究者对正性生活事件的忽视，丰富了正性生活事件的研究成果，加深了对生活事件影响作用的认识，而且在某种程度上开辟了一个新的研究领域，对后续研究者开展积极心理学视角下的生活事件研究起到了有力的推动作用。

第三，在研究结果上，本研究不仅详细比较了已有各种理论模型的优缺点，明确了其解释范围及局限性，而且分析了个体在面对不同类型和组合的生活事件时，其决策过程和行为选择。这极大地丰富了已有生活事件的研究成果，提高了人们对生活事件影响作用的认识。更为重要的是，通过描述和比较个体面对不同类型和组合的生活事件时的决策过程和行为表现，本研究尝试提出了一个全新的理论模型——生活事件的多重加工模型。该模型对个体对不同生活事件的心理加工过程及其原因进行了阐释，与已有的理论模型相比，其解释力更强、应用范围更广。该理论模型能够帮助后续的研究者更好地开展生活事件的相关研究。

二、实践意义

第一，正如在前言中提到的一样，任何危机事件的发生总能找到生活事件的影子。因此，生活事件对人的影响特别大。大学生作为国家和社会的未来和希望，其心理健康水平直接影响着国家和社会未来的发展。但在现阶段，大学生的心理健康状况却并不令人乐观，一些大学生因为一些看似微小的生活事件而采取极端危害行为的案例屡见报端。这不仅严重危害了大学生和他人的身心健康，而且在某种程度上也败坏了社会风气。因此，未雨绸缪，做好预防措施就十分必要。本研究采用事实驱动的研究取向，描述了当前大学生实际经历的生活事件，分析比较了生活事件在不同群体大学生中的差异。研究结果可以为教育工作者和高校管理者采取有针对性的教育和预防措施提供依据。

第二，生活事件与个体息息相关，对每个人的影响都非常大。人们在面对各种各样的生活事件时锻炼了处理问题的能力和意志品质，同时也提高了社会适应力。青少年的成长不可避免地要面对各种生活事件，同时也需要面对各种生活事件，成人的可持续发展更需要智慧地处理各种生活事件，因此生活事件成为个体社会化进程中的一个重要组成部分。正因为生活事件对个体发展和人类进步都如此重要，因此生活事件研究一直是心理学家尤其是健康心理学家研究的重要内容。在面对不同的生活事件时，个体的感受和偏好是不同的。对生活事件的心理加工机制进行研究，不仅有助于揭示人类认知活动的本质和规律，还可以为大中小学教育实践提供指导。本研究采用实证式的研究范式通过多个研究探讨这些事件对个体的影响，进一步厘清生活事件在不同条件下，个体会有怎样的情感体验和反应选择，可以帮助我们全面了解个体对生活事件的心理加工过程，更好地把握个体的情感反应和行为偏好，进而可以帮助教育者有针对性地在学校中开展相应的教育和制定教育对策，有效地运用批评和奖励，并避免采取不当的行为，等等。同时还可以通过控制生活事件的相关因素及水平，帮助学校和教师为学生的耐挫折教育、意志品质教育更好地服务，更好地实现教育的预期目标。因此，生活事件研究既有重要的理论意义和学术价值，也有重要的实践意义和应用价值。

第三章　研究一：当前大学生生活事件调查

从本章开始进入本书的实证研究部分，共三个研究，分别为第三章到第五章。第三章是研究一，第四章是研究二，第五章是研究三。为了更加科学、准确地描述当前中国大学生生活事件的现状，研究一分别用质性和量化研究方法来探讨当前中国大学生负性生活事件和正性生活事件的类型和特点，并为研究二和研究三提供材料基础。

第一节　当前大学生负性生活事件调查与分析

一、研究目的

本节关注的焦点是当前大学生的负性生活事件。随着我国高等教育大众化进程的不断深入，大学生人数迅速增加，独生子女比例升高，加之市场竞争日趋激烈，就业压力加剧，当前大学生的心理健康状况不容乐观。而负性生活事件作为影响心理健康的最重要因素之一，是一个非常有价值和意义的研究视角。但已有的研究绝大多数是采用成型的封闭式量表或问卷，如生活事件量表（LES）、青少年生活事件量表（ASLEC）等。这些量表均编制于 20 世纪 90 年代之前，距今已有十几年的时间。随着时代和社会环境的变迁，大学生对“什么是负性生活事件”以及“负性生活事件的影响程度”等看法，可能已经发生改变。因此，使用这些量表作为工具得出的研究结果可能不能真实地反映当代大学生的现状。针对这些不足，本研究的一个重要取向是事实驱动，即立足于当代大学生的实际，对当代大学生所实际经历和体验的负性生活事件进行开放式调查，目的在于了解当代大学生负性生活事件的类型及其特点，分析其影响程度，从而为高校的心理健康教育工作提供参考和依据。

二、研究方法

（一）调查对象

为保证研究的代表性，本调查的对象来自北京市 5 所高校，既包括部属重点高校，也包括市属重点和普通高校。调查对象涵盖了理工、文史、经济、体育、艺术等专业。共抽取调查对象 300 名，有效被试 296 名，有效率为 98.7%。其中，男生 151 名，占 51.01%；女生 145 名，占 48.99%；大一学生 79 名，占 26.69%；大二学生 106 名，占 35.81%；大三学生 68 名，占 22.97%；大四学生 43 名，占 14.53%。

（二）研究工具

本研究使用自编的开放式问卷收集资料。收集的资料涉及两方面的内容。第一部分涉及调查对象的基本情况，如性别、年级、专业、年龄等；第二部分是问卷的主体，要求调查对象根据自己的实际情况，列举自己在大学期间所经历过的各种负性生活事件，并详细描述它们的外在表现、具体特征、发生频率以及对自己的影响大小。

数据处理分析阶段主要使用质性分析软件 Nvivo 8.0 以及 Excel 2003，SPSS 13.0 统计分析软件等工具。

（三）调查实施

通过整群抽样抽取研究对象，对抽取的研究对象以班为单位进行集体施测。施测完成后，由主试当场回收调查问卷。

（四）资料的分析

由于本研究收集的是非量化的质性文本资料，因此严格按照质性资料分析的步骤进行：①进一步阅读文本稿，校正文本稿内容；②根据研究主题，进行编码，形成类别；③重新审视编码内容和类别；④重复修正编码结果得到最后编码结果（Thomas，2000）。具体来说，本研究运用主题分析法对访谈资料进行质性分析。主题分析（thematic analysis）是一种用来进行质性资料分析的方法，也是一种将质性资料转变成量化资料的方法（Boytis，1998）。主题分析的目的是对研究材料进行编码。本研究的编码方法如下。

第一，开放编码形成意义单元。研究人员阅读所有文本资料，并对材料进行微观分析（microanalysis）。所谓微观分析指的是在研究初期所进行的、对材料细微部分进行的逐行分析（line-by-line analysis），以产生初步的类别（Boytis，1998；Strauss & Corbin，1998）。微观分析的过程也可以理解为开放编码的过程。所谓开放编码（open coding）指的是对材料中的所有资料进行分析，从中发现并界定资料中所隐含的概念及其属性的分析历程（Strauss & Corbin，1998）。具体做法是在文本资料中划出被辨别为某一特定生活事件的句子或（一系列）陈述，将它们编为一个独立的码号。

阅读中每遇到一个新的特征就进行一次登录，重复出现的特征也进行登录，并在编码器上记录下这些事件的内容及出现频次。通过采用逐行逐句的研究，本研究从提取出来的关于生活事件特征的段落中进行再提取、合并和初步概括，抽取出相应的意义单元。这些意义单元有的直接来自被试陈述的原文，如“和同学吵架”等；有的则需要编码者将其叙述进行概括，获得一个意义单元。对 296 份文本材料以主题为单位，进行内容分析，共得到 598 个意义单元。

第二，主轴编码形成概念词。主轴编码（axial coding）是关联类别与次类别的过程。因为编码围绕某一类别进行，并在概念层面上连接各个类别，因此称为“主轴”（Strauss & Corbin，1998）。具体做法是：列出上述分析得到的所有码号及每一码号的内容，从理论上分析每一个意义单元的含义，从文本资料中发现每个意义单元实际的、具体的内容，从而发现各个意义单元的关联及重复的成分，将在内容上有较多重复、理论含义相同的码号合并到出现频次较多的码号上来。将可以概括的部分用上一级的概念将它们关联起来，形成上一级类别。在有了上一级类别的基础上，进一步区分各个生活事件。通过这样的工作使研究人员可以从关联的意义以及区分的意义上实现对各个生活事件的具体描述，从而界定了一个编码主题。这一工作由研究人员单独完成。主轴编码的目的是对开放编码得到的有意义单元进行进一步归纳、概括，将隶属于同一层次的概念进一步归类，赋予概念词更大的解释力，以便对现象进行更为精确全面的解释。最后，经过主轴编码，涉及负性生活事件的 598 个意义单元进一步被概括为 24 个概念词。如“不喜欢所学专业”“沉迷游戏”“失恋”等。

第三，选择编码。选择编码又是对概念词进一步归纳，发展成为核心类别，从而更好地解释研究问题。发展出来的核心类别，应该代表着研究主题的核心内容。本研究中，将涉及负性生活事件的24个概念词进一步归纳联结,共获得7个核心类别：人际关系、考试、生活适应、学业前途、异性交往、自我实现、亲友支持。

第四，量化数据。在进行质性分析编码的同时，也要将各个意义单元、概念词和核心类别出现的频次记录下来，形成量化数据，进行进一步的分析。

三、研究结果

（一）质性分析结果

1. 主要意义单元汇总

通过开放编码过程，本研究获得主要的意义单元如下。

“被同学误会”，“得不到别人的理解”，“别人不理解时很委屈”，“不配合自己的学生工作”，“组织活动时，同学误会自己对自己进行语言攻击”，“受到他人不公平对待”；“所学专业不喜欢”，“对所学专业无信心，担心未来的工作”，“想换专业结果不成功”，“所学的英语专业自己不喜欢，感觉力不从心”；“不够用功反而沉迷游戏”，“喜欢玩游戏而耽误学习”，“沉迷网络游戏”，“有网瘾倾向，经常去网吧”；“被别人起绰号”，“别人对自己没发生过的事情开玩笑或者造谣”，“老师点名，自己没到”，“遇到他人的冷遇或者嘲笑”，“同学见面不与自己打招呼”，“缺勤被点名”，“当众受到别人的批评”，“当众演讲脸红或言语不清”，“上课发言遭到嘘声”；“不知要考研还是就业”，“不知是否要考研”，“有目标实现不了”，“感到生活没有目标”，“不知为什么而学，对未来迷茫”；“父母感情不和”，“父母吵架”，“父母吵架，感到孤单和无助”；“父母离异，隐瞒自己很长时间，痛苦”，“家庭分裂”，“家庭变故”；“喜欢的男生不喜欢自己”，“恋爱不顺利”，“求爱被拒绝”，“与女友闹别扭”，“与男友有小摩擦”，“发现自己喜欢的男生有了女友”；“家境不好而自卑”，“家里经济紧张”，“经济条件不好，缺钱”；“竞选班长落选”，“报名奥运志愿者三次，每次都失败”，“报名残奥志愿者被录取，成为安保志愿者，对这个岗位不接受”，“参加学生社团屡遭拒绝”，“竞选学生会干部落选”，“竞选班干失败，能力未被认同，没有如愿当上副部长”，“学生会面试落选”，“支教落选”，“晚会演出落选”，“篮球赛选拔落选”，“竞选学生会落选”，“面试失败”；“担心失业”，“就业压力过大”，“工作上遇到了瓶颈”，“现在大二，想到毕业就业的问题，感到自己什么都不会，担心找不到工作而焦虑”，“所学专业不好，就业困难，为此担心”，“毕业面临危机”，“找工作难”，“业务进展不顺利，客户不好谈，工作不顺利”；“考试时非常紧张”，“考试焦虑”，“考试成绩与付出不成正比”，“考试成绩不理想”，“高考失败”，“考试复习压力大”，“考试没有通过”，“英语成绩很差”，“考试挂科”，“英语四级考试不及格”，“恐惧考试”，“800 米跑不及格”，“对考试莫名的恐惧”，“学习不用功，期末考试挂了一科”，“计算机考试不及格”，“四级没有通过”，“多科考试不及格（挂科）”，“TOFFL 考试成绩不理想”，“因谈恋爱耽误了学习，考试成绩不满意”；“高考未考上理想学校”，“考入的学校不喜欢，进入学校后更是发现失望透顶”，“高考失利，来到这个学校比较失望”；“奖学金落选”，“评奖评优时遭遇不公平待遇”；“亲人去世”，“奶奶去世”，“亲人伤亡”；

“刚上大学两周，父亲得了重病”，“母亲生病住院”，“突如其来的朋友出车祸的噩耗”；“宿舍矛盾”，“和朋友产生矛盾”，“人际关系能力弱，应对能力差”，“自己受了挫折没人安慰”，“与同学关系不好”，“与父母，老师吵架”，“遭到别人的讨厌嫉妒”，“脾气不好，容易与人吵架”，“一个朋友躲着自己，不爱理自己，自己委屈”，“大一时人际交往不是很好，自己很苦闷，不愿与人交往，生活无聊”，“一时冲动做出伤害朋友的事情，十分内疚”，“朋友圈子小”，“回宿舍晚了被宿舍管理人员责备”，“与他人发生争执”，“大一时与好友打架”；“得了比较严重的病”，“身体不好”，“曾得过抑郁症，现在的心情还受影响”，“发生意外住院”，“肌肉拉伤，躺床上一周”，“生了重病”，“打篮球把脚伤了，两个月了还没好”，“生活上不能很好地照顾自己，经常感冒”，“病毒性心肌炎”，“生病”；“手机丢了”，“钱包被偷”，“生活上不习惯”，“同学影响自己的作息”，“钱包被偷”，“生病时无人照顾”，“想要的东西，爸妈不给买”，“舍友的生活节奏与自己不同”，“别人不经允许用自己的私人用品时，自己很生气”，“同学把自己的暖壶打了”，“买了上网卡被骗”，“新年晚会出丑”，“花钱计划不合理，月末光”，“饭卡丢失”，“生活无规律，对身体影响大，平时精力不够”，“学习以外的事情多，生活还要自理”，“由于改变发型遭到他人嘲笑”，“偶尔失眠”，“周末学校有事不能回家”，“外出撞车”，“打工过程中遇到困难”，“交通意外事故”，“生活规律被打破”，“炒股赔钱”，“开车撞车”；“喜欢一男生，而对方不喜欢自己”，“失恋”，“接受了一个曾帮助过自己的男生的表白，一段时间后分手，当时既痛苦又伤心”，“和女友分手”；“要忙的事情很多，时间不够用”，“时间管理成问题”；“恋家”，“一个人在外地学习，比较想家”，

“环境适应问题”，“不适应大学生活，孤独，生活适应问题”，“由于学习生活的转变，所具备的特长等因素，导致自我评价过低”，“不能适应大学生活”，“刚开学各方面都不适应”，“学校环境不如意”，“生活需要自理，有些不适应”，“学习生活没目标，感到无聊”，“想家和思念以前的朋友”，“不适应大学生活节奏”，“不适应大学生活”，“上大学后目标不明确，找不到方向”，“来到大学与想象的不一样，失落了好长时间”，“吃完饭就要上课，太紧张”，“对生活感到迷茫，没有明确的目标”，“军训时比较孤单，想家”，“得不到别人的理解”，“不适应集体生活，特别是睡眠容易受别人影响”，“大学生活方式不适应”；“成绩不好”，“学习效率不高”，“长时间学习后，成绩没有起色”，“学习困难”，“学习成绩不理想，被老师批评”，“学习感到吃力”，“学习负担重”，“学生工作耽误学习”，“学习有时听不懂”，“自己听不懂别人却可以听得懂”，“课程跟不上”，“学习吃力，一段时间对某门学科产生厌烦心理”，“对课堂内容和老师有成见或课堂形式枯燥，经常逃课或缺课”，“体育 800 米跑没有及格”，“有些科目不想学”，“无法处理学习与娱乐关系”，“无法按计划安排好时间”，“上课注意力不集中”，“学习无动力，没有目标”，“学习没有高中的激情和努力”，“对学习不如以前上心了，学习效率下降了”，“学习跟不上”，“学习方法不适应”，“找不到好的学习方法”，“对课程不感兴趣”，“学习上不会老师批评”，“学习时别人的干扰”，“学习上没有达到预定期望”，“厌学”；“与父母的代沟”，“因小事与父母闹别扭”，“和父母吵架”，“被家长责骂”，“母亲的责备”，“和父亲对学习和学生工作的看法不同，引发冲突”，“父母发现自己谈恋爱，很反对”。

2. 对意义单元进一步归纳为概念词

意义单元主要以被试描述的经历过的负性生活事件加以总结和浓缩而形成。接下来的这一步主要是以开放编码的结果为材料，进行主轴编码。将开放编码中抽取出来的意义单元，加以归纳，将本质上同属于一个性质的意义单元归类，概括出一个概念词。共得出24 个概念词。它们是：

被人误会：“被同学误会”，“得不到别人的理解”，“别人不理解时很委屈”，“不配合自己的学生工作”，“组织活动时，同学误会自己对自己进行语言攻击”，“受到他人不公平对待”。

不喜欢所学专业：“所学专业不喜欢”，“对所学专业无信心，担心未来的工作”，“想换专业结果不成功”，“所学的英语专业自己不喜欢，感觉力不从心”。

沉迷游戏：“不够用功反而沉迷游戏”，“喜欢玩游戏而耽误学习”，“沉迷网络游戏”，“有网瘾倾向，经常去网吧”。

当众丢面子：“被别人起绰号”，“别人对自己没发生过的事情开玩笑或者造谣”，“老师点名，自己没到”，“遇到他人的冷遇或者嘲笑”，“同学见面不与自己打招呼”，“缺勤被点名”，“当众受到别人的批评”，“当众演讲脸红或言语不清”，“上课发言遭到嘘声”。

对前途迷茫：“不知要考研还是就业”，“不知是否要考研”，“有目标实现不了”，“感到生活没有目标”，“不知为什么而学，对未来迷茫”。

父母感情不和：“父母感情不和”，“父母吵架”，“父母吵架，感到孤单和无助”。

父母离异：“家庭分裂”，“家庭变故”，“父母离异，隐瞒自己很长时间，痛苦”。

感情问题：“喜欢的男生不喜欢自己”，“恋爱不顺利”，“求爱被拒绝”，“与女友闹别扭”，“与男友有小摩擦”，“发现自己喜欢的男生有了女友”。

家境不好：“家境不好而自卑”，“家里经济紧张”，“经济条件不好，缺钱”。

竞选失败：“竞选班长落选”，“报名奥运志愿者三次，每次都失败”，“报名残奥志愿者被录取，成为安保志愿者，对这个岗位不接受”，“参加学生社团屡遭拒绝”，“竞选学生会干部落选”，“竞选班干失败，能力未被认同，没有如愿当上副部长”，“学生会面试落选”，“支教落选”，“晚会演出落选”，“篮球赛选拔落选”，“竞选学生会落选”，“面试失败”。

就业压力：“担心失业”，“就业压力过大”，“工作上遇到了瓶颈”，“现在大二，想到毕业就业的问题，感到自己什么都不会，担心找不到工作而焦虑”，“所学专业不好，就业困难，为此担心”，“毕业面临危机”，“找工作难”，“业务进展不顺利，客户不好谈，工作不顺利”。

考试失利：“考试时非常紧张”，“考试焦虑”，“考试成绩与付出不成正比”，“考试成绩不理想”，“高考失败”，“考试复习压力大”，“考试没有通过”，“英语成绩很差”，“考试挂科”，“英语四级考试不及格”，“恐惧考试”，“800米跑不及格”，“对考试莫名的恐惧”，“学习不用功，期末考试挂了一科”，“计算机考试不及格”，“四级没有通过”，“多科考试不及格（挂科）”，“TOFFL考试成绩不理想”，“因谈恋爱耽误了学习，考试成绩不满意”。

没被理想大学录取："高考未考上理想学校"，"考入的学校不喜欢，进入学校后更是发现失望透顶"，"高考失利，来到这个学校比较失望"。

评奖落选："奖学金落选"，"评奖评优时遭遇不公平待遇"。

亲人去世："亲人去世"，"奶奶去世"，"亲人伤亡"。

亲友生病："刚上大学两周，父亲得了重病"，"母亲生病住院"，"突如其来的朋友出车祸的噩耗"。

人际交往困扰："宿舍矛盾"，"和朋友产生矛盾"，"人际关系能力弱，应对能力差"，"自己受了挫折没人安慰"，"与同学关系不好"，"与父母，老师吵架"，"遭到别人的讨厌嫉妒"，"脾气不好，容易与人吵架"，"一个朋友躲着自己，不爱理自己，自己委屈"，"大一时人际交往不是很好，自己很苦闷，不愿与人交往，生活无聊"，"一时冲动做出伤害朋友的事情十分内疚"，"朋友圈子小"，"回宿舍晚了被宿舍管理人员责备"，"与他人发生争执"，"大一时与好友打架"。

身体有病："得了比较严重的病"，"身体不好"，"曾得过抑郁症，现在的心情还受影响"，"发生意外住院"，"肌肉拉伤，躺床上一周"，"生了重病"，"打篮球把脚伤了，两个月了还没好"，"生活上不能很好照顾自己，经常感冒"，"病毒性心肌炎"，"生病"。

生活挫折："手机丢了"，"钱包被偷"，"生活上不习惯"，"同学影响自己的作息"，"钱包被偷"，"生病时无人照顾"，"想要的东西，爸妈不给买"，"舍友的生活节奏与自己不同"，"别人不经允许用自己的私人用品时，自己很生气"，"同学把自己的暖壶打了"，"买了上网卡被骗"，"新年晚会出丑"，"花钱计划不合理，月末光"，"饭卡丢失”，“生活无规律，对身体影响大，平时精力不够”，“学习以外的事情多，生活还要自理”，“由于改变发型遭到他人嘲笑”，“偶尔失眠”，“周末学校有事不能回家”，“外出撞车”，“打工过程中遇到困难”，“交通意外事故”，“生活规律被打破”，“炒股赔钱”，“开车撞车”。

失恋：“喜欢一男生，而对方不喜欢自己”，“失恋”，“接受了一个曾帮助过自己的男生的表白，一段时间后分手，当时既痛苦又伤心”，“和女友分手”。

时间管理问题：“要忙的事情很多，时间不够用”，“时间管理成问题”。

适应不良：“恋家”，“一个人在外地学习，比较想家”，“环境适应问题”，“不适应大学生活，孤独，生活适应问题”，“由于学习生活的转变，所具备的特长等因素，导致自我评价过低”，“不能适应大学生活”，“刚开学各方面都不适应”，“学校环境不如意”，“生活需要自理，有些不适应”，“学习生活没目标，感到无聊”，“想家和思念以前的朋友”，“不适应大学生活节奏”，“不适应大学生活”，“上大学后目标不明确，找不到方向”，“来到大学与想象的不一样，失落了好长时间”，“吃完饭就要上课，太紧张”，“对生活感到迷茫，没有明确的目标”，“军训时比较孤单，想家”，“得不到别人的理解”，“不适应集体生活，特别是睡眠容易受别人影响”，“大学生活方式不适应”。

学习问题：“成绩不好”，“学习效率不高”，“长时间学习后，成绩没有起色”，“学习困难”，“学习成绩不理想，被老师批评”，“学习感到吃力”，“学习负担重”，“学生工作耽误学习”，“学习有时听不懂”，“自己听不懂别人却可以听得懂”，“课程跟不上”，“学习吃力，一段时间对某门学科产生厌烦心理”，“对课堂内容和老师有成见或课堂形式枯燥，经常逃课或缺课”，“体育800米没有及格”，“有些科目不想学”，“无法处理学习与娱乐关系”，“无法按计划安排好时间”，“上课注意力不集中”，“学习无动力，没有目标”，“学习没有高中的激情和努力”，“对学习不如以前上心了，学习效率下降了”，“学习跟不上”，“学习方法不适应”，“找不到好的学习方法”，“对课程不感兴趣”，“学习上不会老师批评”，“学习时别人的干扰”，“学习上没有达到预定期望”，“厌学”。

与父母关系不和：“与父母的代沟”，“因小事与父母闹别扭”，“和父母吵架”，“被家长责骂”，“母亲的责备”，“和父亲对学习和学生工作的看法不同，引发冲突”，“父母发现自己谈恋爱，很反对”。

3. 对概念词进一步归纳，发展出核心类别

这一步主要完成选择编码的工作。将24个概念词进一步归纳联结，获得7个核心类别。

人际关系：“人际交往困扰”，“与父母关系不和”，“被人误会”。

考　　试：“考试失利”，“没被理想大学录取”。

生活适应：“生活挫折”，“适应不良”，“时间管理问题”，“身体有病”，“家境不好”，“沉迷游戏”。

学业前途：“学习问题”，“就业压力”，“对前途迷茫”，“不喜欢所学专业”。

异性交往：“失恋”，“感情问题”。

自我实现：“竞选失败”，“评奖落选”，“当众丢面子”。

亲友支持：“亲友生病”，“亲人去世”，“父母感情不和”，“父母

离异”。

（二）当代大学生负性生活事件发生频率的描述统计结果

对于主轴编码形成的24个概念词，凡是在被试文本资料中出现过的，对于该被试在该概念词上就计分为“1”，重复出现都计为“1”，最后得到被试在24个概念词及7个核心类别上的频次表，结果见表3.1。

表3.1 当代大学生负性生活事件出现频次及排序

核心类别	概念词	频次	占所有频次的比例（%）	概念词比例排序	核心类别比例排序
人际关系	人际交往困扰	140	20.23	1	
	与父母关系不和	22	3.18	8	
	被人误会	12	1.73	10	
	小计	174	**25.14**		1
考试	考试失利	139	20.09	2	
	没被理想大学录取	8	1.16	15	
	小计	147	**21.25**		2
生活适应	生活挫折	52	7.51	5	
	适应不良	47	6.79	6	
	时间管理问题	2	0.29	24	
	身体有病	4	0.58	21	
	家境不好	5	0.72	19	
	沉迷游戏	6	0.87	18	
	小计	116	**16.76**		3
学业前途	学习问题	78	11.27	3	
	就业压力	12	1.73	10	
	对前途迷茫	5	0.72	19	
	不喜欢所学专业	8	1.16	15	
	小计	103	**14.88**		4

续表

核心类别	概念词	频次	占所有频次的比例（%）	概念词比例排序	核心类别比例排序
异性交往	失恋	67	9.68	4	
	感情问题	14	2.02	9	
	小计	81	**11.70**		5
自我实现	竞选失败	27	3.90	7	
	评奖落选	4	0.58	21	
	当众丢面子	9	1.30	13	
	小计	40	**5.78**		6
亲友支持	亲友生病	11	1.59	12	
	亲人去世	9	1.30	13	
	父母感情不和	7	1.01	17	
	父母离异	4	0.58	21	
	小计	31	**4.48**		7

从表 3.1 可以看出，尽管当代大学生所经历的负性生活事件多种多样，但大体上可以归结为人际关系、考试、生活适应、学业前途、异性交往、自我实现和亲友支持七大类型。从各类负性生活事件的发生频率看，从高到低依次为人际关系（25.14%）> 考试（21.25%）> 生活适应（16.76%）> 学业前途（14.88%）> 异性交往（11.70%）> 自我实现（5.78%）> 亲友支持（4.48%）。其中，人际关系和考试问题发生频率最高，均超过了 20%；生活适应、学业前途和异性交往问题发生频率居中，在 10%~20% 之间；而自我实现和亲友支持问题发生频率最低，均不足 10%。这表明人际关系和考试是当代大学生负性应激事件的两大主要类型和来源。从大学生所经历的具体生活事件来看，发生频率最高的 5 项依次是人际交往困扰（20.23%）、考试失利（20.09%）、学习问题

（11.27%）、失恋（9.68%）和生活挫折（7.51%），其累积发生频次占所有频次的68.78%，其中人际交往困扰和考试失利的发生频率均超过了20%，是当代大学生中发生频率最高的两大具体负性生活事件。

（三）不同性别大学生负性生活事件发生频率的差异检验

以性别作为自变量，将7类负性生活事件作为因变量，进行独立样本的非参数检验，结果见表3.2。

表3.2　不同性别大学生在负性生活事件类型上发生频率的差异比较

负性生活事件	*N*	*M*	*SD*	*Z*
人际关系	296	0.59	0.61	−1.78
异性交往	296	0.27	0.45	−0.34
生活适应	296	0.39	0.62	−0.56
亲友支持	296	0.10	0.33	−0.31
考试	296	0.49	0.54	−0.33
自我实现	296	0.13	0.38	−0.88
学业前途	296	0.35	0.54	−0.96

检验结果表明，在7类负性生活事件类型的发生频率上，男女大学生之间均没有表现出显著的差异（$p>0.05$），这说明性别与负性生活事件的发生并不存在相关关系，男女大学生各类负性生活事件的发生频率均是相等的。

（四）不同年级大学生负性生活事件发生频率的差异比较

以年级作为自变量，将7类负性生活事件作为因变量，进行独立样本的非参数检验，结果见表3.3。

表3.3　不同年级大学生在负性生活事件类型上发生频率的差异比较

负性生活事件	N	M	SD	X^2
人际关系	296	0.59	0.61	16.29**
异性交往	296	0.27	0.45	2.73
生活适应	296	0.39	0.62	27.51**
亲友支持	296	0.10	0.33	1.11
考试	296	0.49	0.54	0.87
自我实现	296	0.13	0.38	5.25
学业前途	296	0.35	0.54	2.85

注：**$p<0.01$。

检验结果表明，只有在“人际关系”（X^2=16.29，$p<0.01$）和“生活适应”（X^2=27.51，$p<0.01$）上，不同年级的大学生在发生频率上存在显著差异，而在“异性交往”、“亲友支持”、“考试”、“自我实现”和“学业前途”上，不同年级的大学生在发生频率上并没有显著差异。为进一步了解大学生在“人际关系”和“生活适应”上存在何种年级差异，我们又对二者进行了具体的年级差异比较，结果发现：在“人际关系”上，年级差异主要表现为大三学生经历的负性生活事件显著地多于大一、大二和大四学生，而大一、大二和大四学生之间并不存在显著差异；在“生活适应”上，年级差异主要表现为大一学生经历的负性生活事件显著地多于大二、大三和大四学生，而大二、大三和大四学生之间并不存在显著差异。

四、讨论与建议

（一）讨论

本研究采用开放式问卷调查收集文本资料，并运用主题分析、开放式编码和选择编码等质性分析方法和手段，对当前大学生实际经历的负性生活事件进行了调查分析。与已有的相关研究相比，本研究采取了事实驱动的研究取向，运用了更适合分析文本资料的质性分析方法，结果可能更接近当前大学生的实际，研究结果也更为准确。本研究发现，当前大学生所经历的负性生活事件可以归结为人际关系、考试、生活适应、学业前途、异性交往、自我实现和亲友支持七大类型，其中人际关系和考试是当代大学生负性应激事件的两大主要类型和来源。在具体生活事件上，发生频率最多的首先是人际交往困扰和考试失利，分别占 20.23% 和 20.19%；其次是学习问题，占 11.27%；再次是失恋，占 9.68%。这表明，在大学校园中，人际交往困扰和考试失利仍然是困扰当代大学生的主要问题。该结果与已有的大量相关研究的结论相吻合，这充分说明了人际交往对当前大学生的深刻影响。但与以往相关研究结论不同的是，本研究还发现了考试失利的显著影响，它与人际交往困扰一起成为影响当代大学生的主要负性生活事件。毋庸讳言，该结果的出现必然与当代大学生考试增多存在密切关系。随着当前社会就业形势越来越严峻，为了尽可能多地获得就业机会，大学生除了必须通过课程考试外，还需要通过参加形形色色的其他各类考试，如计算机等级考试、外语等级考试、会计考试等来尽可能多地获得证书，以增加自身的就业砝码。与考试增多伴随而来的必然是考试失败的增加，久而久之考试失败就逐渐成为影响当前大学生的主要生活事件。除此之外，当前大学生的学习压力依然沉重，诸如“对学习没有兴趣”、“找不到适合自己的学习方法”、“学习成绩不理想”等问题仍然在大学生中普遍存在，这些问题同样困扰着他们，并成为影响大学生的重要生活事件。另外，随着大学生生理和心理的成熟，恋爱现象在当前大学校园中越来越普遍。而与此伴随的是大学生失恋的增多以及由此产生的失恋对大学生的困扰。近年来，无论是在电视、报纸还是网络媒体上，均可以找到大量由大学生失恋引发的负面事例。失恋不仅给当事大学生造成了严重的影响，而且给社会带来了强烈的负面效应，需要引起高校教育工作者的高度重视。

本研究还发现，大三学生经历的“人际关系”负性生活事件显著地多于大一、大二和大四学生。这表明，大三学年是大学生人际关系负性事件的多发时期，该结果与 Cahir（1991）、宋玉梅（2006）等人的研究结果类似。这可能是因为与大一、大二学生相比，大三学生对学校更为熟悉，与同学、教师、管理人员等各类人群的交往更为频繁和密切，而缺乏控制感是在对大学生活有了相当的了解之后（李虹，2004），因此大三学生对各类人际关系事件的控制感相对较低，其所经历的负性生活事件也相应增加。而大一学生经历的“生活适应”负性生活事件显著地多于大二、大三和大四学生，这个结果的出现不难理解，从高中进入大学是人生重大的转变之一，面对新的环境、老师和生活学习方式，大学新生不可避免地要经历一个调整适应期。如果新生不能及时调整心态，必然会遭遇适应不良。因此，对于大学新生来说，尽快适应大学生活仍然是他们面临的首要问题。

（二）建议

基于本研究的结果，我们认为，对于当代大学生来说，负性生活事件一方面仍然是影响大学生健康成长的主要因素，另一方面也呈现出一些新特点，需要教育管理部门和教育工作者采取相应的措施，做好对大学生的帮助和引导工作，以最大限度地减少负性事件对大学生的影响。

首先，对负性生活事件的应对不能一视同仁，而应有所侧重、有所区别。大学生所经历的负性生活事件多种多样，种类繁多，而高校教育工作者的时间、精力等资源都是有限的，如果对所有的生活事件都施以同样的关注，那么在某些生活事件上会造成资源短缺，而在另一些生活事件上则会造成资源闲置和浪费。根据本研究的结果，高校应重点做好对人际交往、考试、学习等负性生活事件的预防和应对，通过整合学校、院系等相关机构和人员的力量，建立对重点负性生活事件影响的评估和预案，从而预防校园危机事件的发生。

其次，要重点做好对高年级学生人际关系负性事件影响的疏导。可以通过开设相关人际交往课程等方式，教会学生如何正确处理人际冲突和人际关系，以减少人际关系负性事件的影响。目前，团体心理辅导是一种应用较为广泛的人际交往训练方法，它通过团体内人际交互作用，促使个体在交往中通过观察、学习、体验，认识自我、探讨自我、接纳自我，从而调整和改善与他人的关系，学习新的态度与行为方式，以发展良好的人际交往能力。

最后，要高度关注大一新生的生活适应问题。高校应该积极、主动地通过开设相关课程和讲座，向学生传授大学生活、学习和人际交往的特点以及大学新生适应不良的种种表现、特征和对策；开设大学生心理咨询、大学生心理健康等课程，使学生系统掌握心理学的相关知识，学会自我调节，自我保健；举办专题或系列讲座，组织讨论会等，有针对性地解决新生适应问题。另外，学校也要积极引导新生加入适合自己的社团、协会，以培养他们的集体归属感，帮助他们尽快融入大学生活。

第二节　当前大学生正性生活事件调查与分析

一、研究目的

本研究聚焦于正性生活事件，通过对当前大学生正性生活事件的调查和分析，了解日常生活中有哪些正性生活事件对大学生产生了较大的影响，揭示其特点及规律，从而采取积极的教育方式，为大学生的心理健康教育工作提供科学依据。

二、研究方法

（一）调查对象

为保证研究的代表性，本调查的对象来自北京市 5 所高校，既包括部属重点高校，也包括市属重点和普通高校。调查对象涵盖了理工、文史、经济、体育、艺术等专业。共抽取调查对象 300 名，有效被试 296 名，有效率为 98.7%。其中，男生 151 名，占 51.01%；女生 145 名，占 48.99%；大一学生 79 名，占 26.69%；大二学生 106 名，占 35.81%；大三学生 68 名，占 22.97%；大四学生 43 名，占 14.53%。

（二）调查工具

本研究使用自编的开放式问卷收集资料。收集的资料涉及两方面的内容。第一部分涉及调查对象的基本情况，如性别、年级、专业等；第二部分是问卷的主体，要求调查对象根据自己的实际情况，列举自己所经历的各种正性生活事件，并详细描述他们的外在表现、具体特征、发生频率以及对自己的影响大小。

数据处理分析阶段主要使用质性分析软件 Nvivo 8.0 以及 SPSS 13.0 统计分析软件等工具。

（三）资料的分析

由于本研究收集的是非量化的质性文本资料，因此严格按照质性资料分析的步骤进行：①进一步阅读文本稿，校正文本稿内容；②根据研究主题，进行编码，形成类别；③重新审视编码内容和类别；④重复修正编码结果得到最后编码结果。具体步骤是。

第一，开放编码形成意义单元。采用逐段逐句的研究，从提取出来的关于正性生活事件特征的段落中进行再提取、合并和初步概括，抽取出相应的意义单元。这些意义单元有的直接来自被试陈述的原文，如“与同学聚会”；有的则需要编码者将其叙述进行概括，获得一个意义单元。对 296 份文本材料以主题为单位，进行内容分析，共得到 1148 个意义单元。

第二，主轴编码形成概念词。主轴编码是对开放编码得到的意义单元进行进一步归纳、概括，将隶属于同一层次的概念进一步归类，赋予概念词更大的解释力，以便对现象进行更为精确全面的解释。对 1148 个意义单元进行主轴编码，共得到 29 个概念词。如“结交朋友”“游玩”“参加比赛”等。

第三，选择编码。选择编码是对概念词进一步归纳，发展成为核心类别，从而更好地解释研究问题。发展出来的核心类别，应该代表着研究主题的核心内容。本研究中，将 29 个概念词进一步归纳联结，共获得 8 个核心类别：亲友支持、人际交往、生活舒适、休闲娱乐、学业成就、意外事件、自我实现、活动比赛。

第四，量化数据。在进行质性分析编码的同时，也要将各个意义单元、概念词和核心类别出现的频次记录下来，形成量化数据。

三、研究结果

（一）质性分析结果

1. 主要意义单元汇总

通过开放编码过程，本研究获得的主要意义单元如下。

“助人为乐”，“帮助陌生人找到要去的地方”，“帮朋友解决麻烦”，“帮人找到东西”，“帮助自己贴心的几个好朋友”，“帮助别人时受到感谢”，“受到朋友的帮助”，“关心体贴他人”，“在图书馆给一小同学让了个座”，“帮同学解答问题”；“比赛中获奖”，“运动会拿了一等奖”，“参加辩论赛”，“参加知识竞赛”，“参加主持人大赛”，“代表学校参加全国竞赛”，“定向越野比赛得冠军”，“参加辩论大赛大胆发言”；“参加课外活动”，“参加学校文娱活动”，“参加志愿者活动”，“参加讲座”，“参与社团活动”，“参与班级活动”，“参与主办一次学生活动”，“联谊”，“大家一起玩”，“老乡会，同学会”，“进入新集体”“参加社会实践”，“宿舍组织团购活动”，“参加学生工作”，“每周一次的志愿者支教活动”，“参加趣味运动会”，“参加国庆游行”，“成功举办了一场晚会”，“参加学校乐队的演出活动”，“参加军训”；“第一次踢足球赛，踢球进球”，“健身”，“打篮球取得了胜利”，“锻炼身体”，“进行体育运动”，“打球”，“踢球顺心”，“坚持跑步”，“打球时间很多”，“快乐踢球”，“每周一次的羽协活动”，“观看比赛”，

“打乒乓球”，“打网球”，“我进绝杀球”，“球队赢”，“上体育课”；“成为班长”，“被同学选举担任一定职务”，“当上学习委员”，“担任班委”，“锻炼能力”，“干部晋升”，“进入学生会当副部”，“当上了学生会主席”，“成为课代表”，“成为校队队长”；“得到朋友的认可”，“得到感谢”，“父母赞赏”，“课上发言得到表扬”，“大一军训表现突出，领队”，“受到老师表扬”，“被朋友信任”，“节日收到同学的祝福”，“时刻被人关心在意”，“被前男友夸奖”，“别人对我微笑”，“工作得到肯定”，“朋友关心”，“被别人记住名字”，“书法作品被送到国外展出”，“综合测评成绩班级第一”，“沮丧，难过时被鼓舞”，“得到别人的祝福”，“成为入党发展对象”，“考上了重点班”，“受到别人重视”，“得到上党课的机会”，“上大学后受到周围人的欢迎和赏识”；“放假”，“要回家了”，“放假回去可以和朋友玩”；“获得奖学金”，“获得学生会优秀干事”，“发表论文”，“宿舍被评为优秀宿舍”，“参加辩论赛赢了”，“趣味运动会得奖”，“篮球赛获亚军并且我获得篮板王”，“军训优秀学员”，“参加了体育比赛拿了名次”，“参加活动得到奖品”，“大学里获‘优干’”，“征文优秀奖”，“获得英语竞赛第一名”；“参与勤工助学工作”，“加入志愿者协会”，“加入校级公关部”，“加入校舞团”，“加入合唱团”，“参加桌球社”，“成功进入学习部”，“加入学校广播站，兴趣所在”，“进入校舞蹈团”；“与家人共进晚餐”，“家庭和睦”，“兄弟姐妹相亲相爱”，“爸妈发短信祝生日快乐”，“姐姐结婚了”，“给母亲过生日”，“姥姥姥爷来我家住”，“家庭关系非常和谐”，“与父母谈心”，“表姐找到心爱的人结婚了”，“全家给太姥爷庆祝生日”；“在衣服里发现了以前放的钱”，“物品失而复得”，“捡到钱包”，“捡到手机”，“拾到手机还给失主”，“手机饭卡失而复得”；“交一个异国新朋友”，“结交了倾心相交的朋友”，“有真心朋友”，“和老同学重新取得联系”，“认识很多人”，“结交有能力的人”，“认识新同学”，“广泛结交朋友”，“遇知己”，“认识了很多善良的人”，“结交志同道合的朋友”，“结识了很多老乡”；“别人请吃饭”，“与朋友一起吃饭，喝酒”，“吃到喜欢吃的东西”，“吃早饭了”，“出去吃大餐”，“家庭聚会”，“朋友生日”，“同学聚会”；“考上大学”，“考上理想大学”，“来北京求学”，“凭借特长生优惠政策拿到录取通知书”，“高考成功”；“考试及格”，“考试满意”，“考试大获全胜”，“考试成绩正常”，“考试没有挂科”，“补考过了”，“军训通过了”；“与老同学通电话”，“朋友见面”，“与朋友聊天”，“和朋友谈心”，“偶遇老朋友”，“朋友当兵归来”，“和朋友分享自己喜欢的东西”，“和朋友玩耍”，“和好朋友吃饭”，“有群好舍友”，“与同学一起学习”，“同乡结伴”，“朋友过生日邀请我去参加”，“久违的好朋友重聚”；“买到喜欢的衣服”，“买到一件好东西”，“买了新手机”，“买了新电脑”，“买了篮球鞋”，“买到了自己想要的东西”，“买到自己期望已久的东西”；“考试不小心考了太高”，“考试成绩好”，“考试排名靠前”，“考满分”，“考试成绩优异”；“同学关系融洽”，“得到关心”，“与朋友关系好”，“夜聊”，“与朋友关系更好”，“能和同学和谐相处”，“宿舍团结”，“和伙伴一起把协会办得更好”，“舍友不错”，“和越来越多的人相处好”，“感受到友情”，“陌生人的一个微笑”，“偶尔觉得孤单，接到或主动打给以前的好友，觉得自己从来都不是一个人”，“与班里，年级里同学都熟悉”；“父母平安喜乐，态度乐观”，“身心健康”，“不用动手术”，“爸妈身体还好”，“家人都好”，“上周回家，妈妈病好了”，“父亲没生病”，“妈妈胃病又有所好转”；“生活环境好”，“住宿条件好”，“零花钱够用”，“衣食无忧”；“别人送我东西”，“收到以前同学关心的短信”，“男友送我漂亮礼物”，“收到祝福”，“过生日收到想要的礼物”；“结交新女朋友”，“异性对我有好感”，“与男友确定恋爱关系”，“受到美女青睐”，“与喜欢的男生交往”，“找到生活中的绝配”，“碰到真心对我好的他”，“与心仪的人约会”；“和朋友一起解决新问题”，“干某事大有收获”，“拿到驾驶证”，“学到有用的东西”，“学会唱一首英文歌”，“学到新技能”，“学习新知识”，“有了新特长”，“增加了社会经验”，“读书有收获”，“锻炼能力”，“找到新的发现”，“听有意思的讲座”，“学会理财，英语能力提升”；“做对题”，“天天去自习”，“视野开阔”，“与人探讨问题”，“学习有进步”，“胜利攻破一道难题”，“考上研究生”，“上有意思的课”，“上课全听懂了”，“有好好学习的志向”，“学习自己喜欢的东西”，“参与课堂交流”，“开始渐渐变得不那么厌学”，“坚持学习一段时间并有收获”，“不受外界影响自己依然每天去图书馆学习”，“偶尔特想学习”；“找着好工作”，“面试成功”，“赚到第一笔钱”，“找到合适工作”，“接到面试通知”，“找到实习的好公司”，“实习挣钱”，“得到理想工作”，“假期打工”；“外出游历”，“出去看风景”，“和朋友出去玩”，“和同学一起旅游”；“和同学一起唱歌吃好吃的”，“开心的看片”，“玩游戏”，“看电影”，“看电视剧”，“唱歌”，“看了喜爱明星的演唱会”，“滑雪”，“弹吉他”，“上网”，“听好听的歌曲”，“看音乐节目”，“看喜剧片”；“中彩票”，“意外中奖”，“抽奖中奖”。

2. 对意义单元进一步归纳为概念词

意义单元主要对被试描述的经历过的正性生活事件加以总结和浓缩而形成。接下来的这一步主要是以开放编码的结果为材料，进行主轴编码。将开放编码中抽取出来的意义单元，加以归纳，将本质上同属于一个性质的意义单元归类，概括出一个概念词。共得出29个概念词。

帮助别人：“助人为乐”，“帮助陌生人找到要去的地方”，“帮朋友解决麻烦”，“帮人找到东西”，“帮助自己贴心的几个好朋友”，“帮助别人时受到感谢”，“受到朋友的帮助”，“关心体贴他人”，“在图书馆给一小同学让了个座”，“帮同学解答问题”。

参加比赛：“比赛中获奖”，“运动会拿了一等奖”，“参加辩论赛”，“参加知识竞赛”，“参加主持人大赛”，“代表学校参加全国竞赛”，“定向越野比赛得冠军”，“参加辩论大赛大胆发言”。

参加活动：“参加课外活动”，“参加学校文娱活动”，“参加志愿者活动”，“参加讲座”，“参与社团活动”，“参与班级活动”，“参与主办一次学生活动”，“联谊”，“大家一起玩”，“老乡会，同学会”，“进入新集体”，“参加社会实践”，“宿舍组织团购活动”，“参加学生工作”，“每周一次的志愿者支教活动”，“参加趣味运动会”，“参加国庆游行”，“成功举办了一场晚会”，“参加学校乐队的演出活动”，“参加军训”。

参加体育运动：“第一次踢足球赛，踢球进球”，“健身”，“打篮球取得了胜利”，“锻炼身体”，“进行体育运动”，“打球”，“踢球顺心”，“坚持跑步”，“打球时间很多”，“快乐踢球”，“每周一次的羽协活动”，“观看比赛”，“打乒乓球”，“打网球”，“我进绝杀球”，“球队赢”，“上体育课”。

担任干部：“成为班长”，“被同学选举担任一定职务”，“当上学习委员”，“担任班委”，“锻炼能力”，“干部晋升”，“进入学生会当副部”，“当上了学生会主席”，“成为课代表”，“成为校队队长”。

得到表扬：“得到朋友的认可”，“得到感谢”，“父母赞赏”，“课上发言得到表扬”，“大一军训表现突出，领队”，“受到老师表扬”，“被朋友信任”，“节日收到同学的祝福”，“时刻被人关心在意”，“被前男友夸奖”，“别人对我微笑”，“工作得到肯定”，“朋友关心”，“被别人记住名字”，“书法作品被送到国外展出”，“综合测评成绩班级第一”，“沮丧，难过时被鼓舞”，“得到别人的祝福”，“成为入党发展对象”，“考上了重点班”，“受到别人重视”，“得到上党课的机会”，“上大学后受到周围人的欢迎和赏识”。

放假：“放假”，“要回家了”，“放假回去可以和朋友玩”。

获奖：“获得奖学金”，“获得学生会优秀干事”，“发表论文”，“宿舍被评为优秀宿舍”，“参加辩论赛赢了”，“趣味运动会得奖”，“篮球赛获亚军并且我获得篮板王”，“军训优秀学员”，“参加了体育比赛拿了名次”，“参加活动得到奖品”，“大学里获‘优干’”，“征文优秀奖”，“获得英语竞赛第一名”。

加入社团：“参与勤工助学工作”，“加入志愿者协会”，“加入校级公关部”，“加入校舞团”，“加入合唱团”，“参加桌球社”，“成功进入学习部”，“加入学校广播站，兴趣所在”，“进入校舞蹈团”。

家庭和睦：“与家人共进晚餐”，“家庭和睦”，“兄弟姐妹相亲相爱”，“爸妈发短信祝生日快乐”，“姐姐结婚了”，“给母亲过生日”，“姥姥姥爷来我家住”，“家庭关系非常和谐”，“与父母谈心”，“表姐找到心爱的人结婚了”，“全家给太姥爷庆祝生日”。

捡到物品：“在衣服里发现了以前放的钱”，“物品失而复得”，“捡到钱包”，“捡到手机”，“拾到手机还给失主”，“手机饭卡失而复得”。

结交朋友：“交一个异国新朋友”，“结交了倾心相交的朋友”，“有真心朋友”，“和老同学重新取得联系”，“认识很多人”，“结交有能力的人”，“认识新同学”，“广泛结交朋友”，“遇知己”，“认识了很多善良的人”，“结交志同道合的朋友”，“结识了很多老乡”。

聚会聚餐：“别人请吃饭”，“与朋友一起吃饭，喝酒”，“吃到喜欢吃的东西”，“吃早饭了”，“出去吃大餐”，“家庭聚会”，“朋友生日”，“同学聚会”。

考上大学：“考上大学”，“考上理想大学”，“来北京求学”，“凭借特长生优惠政策拿到录取通知书”，“高考成功”。

考试通过：“考试及格”，“考试满意”，“考试大获全胜”，“考试成绩正常”，“考试没有挂科”，“补考过了”，“军训通过了”。

联系朋友：“与老同学通电话”，“朋友见面”，“与朋友聊天”，“和朋友谈心”，“偶遇老朋友”，“朋友当兵归来”，“和朋友分享自己喜欢的东西”，“和朋友玩耍”，“和好朋友吃饭”，“有群好舍友”，“与同学一起学习”，“同乡结伴”，“朋友过生日邀请我去参加”，“久违的好朋友重聚”。

买东西：“买到喜欢的衣服”，“买到一件好东西”，“买了新手机”，“买了新电脑”，“买了篮球鞋”，“买到了自己想要的东西”，“买到自己期望已久的东西”。

取得好成绩：“考试不小心考了太高”，“考试成绩好”，“考试排名靠前”，“考满分”，“考试成绩优异”。

关系融洽：“同学关系融洽”，“得到关心”，“与朋友关系好”，“夜聊”，“与朋友关系更好”，“能和同学和谐相处”，“宿舍团结”，“和伙伴一起把协会办得更好”，“舍友不错”，“和越来越多的人相处好”，“感受到友情”，“陌生人的一个微笑”，“偶尔觉得孤单，接到或主动打给以前的好友，觉得自己从来都不是一个人”，“与班里，年级里同学都熟悉”。

亲友身心健康：“父母平安喜乐，态度乐观”，“身心健康”，“不用动手术”，“爸妈身体还好”，“家人都好”，“上周回家，妈妈病好了”，“父亲没生病”，“妈妈胃病又有所好转”。

生活舒适：“生活环境好”，“住宿条件好”，“零花钱够用”，“衣食无忧”。

收到礼物：“别人送我东西”，“收到以前同学关心的短信”，“男友送我漂亮礼物”，“收到祝福”，“过生日收到想要的礼物”。

谈恋爱：“结交新女朋友”，“异性对我有好感”，“与男友确定恋爱关系”，“受到美女青睐”，“与喜欢的男生交往”，“找到生活中的绝配”，“碰到真心对我好的他”，“与心仪的人约会”。

学会新知识新技能：“和朋友一起解决新问题”，“干某事大有收获”，“拿到驾驶证”，“学到有用的东西”，“学会唱一首英文歌”，“学到新技能”，“学习新知识”，“有了新特长”，“增加了社会经验”，“读书有收获”，“锻炼能力”，“找到新的发现”，“听有意思的讲座”，“学会理财，英语能力提升”。

学习：“做对题”，“天天去自习”，“视野开阔”，“与人探讨问题”，“学习有进步”，“胜利攻破一道难题”，“考上研究生”，“上有意思的课”，“上课全听懂了”，“有好好学习的志向”，“学习自己喜欢的东西”，“参与课堂交流”，“开始渐渐变得不那么厌学”，“坚持学习一段时间并有收获”，“不受外界影响自己依然每天去图书馆学习”，“偶尔特想学习”。

应聘求职：“找着好工作”，“面试成功”，“赚到第一笔钱”，“找到合适工作”，“接到面试通知”，“找到实习的好公司”，“实习挣钱”，“得到理想工作”，“假期打工”。

游玩：“外出游历”，“出去看风景”，“和朋友出去玩”，“和同学一起旅游”。

娱乐：“和同学一起唱歌吃好吃的”，“开心地看影片”，“玩游戏”，“看电影”，“看电视剧”，“唱歌”，“看了喜爱明星的演唱会”，“滑雪”，“弹吉他”，“上网”，“听好听的歌曲”，“看音乐节目”，“看喜剧片”。

中奖：“中彩票”，“意外中奖”，“抽奖中奖”。

3. 对概念词进一步归纳，发展出核心类别

这一步主要完成选择编码的工作。将 29 个概念词进一步归纳联结，获得 8 个核心类别。

人际交往：“帮助别人”，“关系融洽”，“结交朋友”，“联系朋友”，“收到礼物”，“谈恋爱”。

学业成就：“考试通过”，“取得好成绩”，“学会新知识新技能”，“学习”。

休闲娱乐：“放假”，“游玩”，“娱乐”。

自我实现：“担任干部”，“得到表扬”，“获奖”，“加入社团”，“考上大学”，“应聘求职”。

生活安逸：“聚会聚餐”，“买东西”，“生活舒适”。

活动比赛：“参加比赛”，“参加活动”，“参加体育运动”。

意外事件：“捡到物品”，“中奖”。

亲友支持：“家庭和睦”，“亲友身心健康”。

（二）当代大学生正性生活事件发生频率的描述统计结果

对于正性生活事件主轴编码形成的 29 个概念词，凡是在被试

文本资料中出现过的，对于该被试在该概念词上就计分为“1”，重复出现都计为“1”，最后得到被试在 29 个概念词及 8 个核心类别上的频次表，结果见表 3.4。

表3.4　当代大学生正性生活事件出现频次及排序

核心类别	概念词	频次	占所有频次的比例（%）	概念词比例排序	核心类别比例排序
人际交往	帮助别人	19	1.66		
	关系融洽	23	2.00		
	结交朋友	73	6.36	4	
	联系朋友	45	3.92	13	
	收到礼物	12	1.05		
	谈恋爱	52	4.53	10	
	小计	224	**19.52**		1
学业成就	考试通过	47	4.09	12	
	取得好成绩	53	4.62	9	
	学会新知识新技能	58	5.05	7	
	学习	65	5.66	6	
	小计	223	**19.42**		2
休闲娱乐	放假	23	2.00		
	游玩	74	6.45	2	
	娱乐	88	7.67	1	
	小计	185	**16.12**		3
自我实现	担任干部	16	1.39		
	得到表扬	41	3.57	15	
	获奖	50	4.36	11	
	加入社团	45	3.92	13	
	考上大学	12	1.05		
	应聘求职	20	1.74		
	小计	184	**16.03**		4

续表

核心类别	概念词	频次	占所有频次的比例（%）	概念词比例排序	核心类别比例排序
生活安逸	聚会聚餐	57	4.96	8	
	买东西	25	2.18		
	生活舒适	74	6.45	2	
	小计	156	**13.59**		5
活动比赛	参加比赛	13	1.13		
	参加活动	72	6.27	5	
	参加体育运动	28	2.44		
	小计	113	**9.84**		6
意外事件	捡到物品	23	2.00		
	中奖	11	0.96		
	小计	34	**2.96**		7
亲友支持	家庭和睦	17	1.48		
	亲友身心健康	12	1.05		
	小计	29	**2.53**		8

从表 3.4 可以看出，尽管当代大学生所经历的正性生活事件多种多样，但大体可以归结为人际交往、学业成就、休闲娱乐、自我实现、生活安逸、活动比赛、意外事件、亲友支持八个核心类别。从发生频率来看，对大学生的影响从大到小顺序依次为人际交往（19.52%）、学业成就（19.42%）、休闲娱乐（16.12%）、自我实现（16.03%）、生活安逸（13.59%）、活动比赛（9.84%）、意外事件（2.96%）、亲友支持（2.53%）。其中，人际交往和学业成就方面的正性生活事件发生最为频繁，二者合计发生的频率占所有正性生活事件的 40% 左右，这是当代大学生所经历的最主要的正性生活事件类型。从大学生所经历的具体正性生活事件（表中概念词）来

看，娱乐（7.67%）、游玩（6.45%）、生活舒适（6.45%）、结交朋友（6.36%）、参加活动（6.27%）和学习（5.66%）是发生频率位于前6位的生活事件，这6种生活事件大体可以归结到休闲娱乐、人际交往和学业成就三大类型中，与上面的生活事件类型的影响结果基本一致，二者相互验证。

（三）不同性别大学生正性生活事件发生频率的差异检验

以性别作为自变量，将八类正性生活事件作为因变量，进行独立样本的非参数检验。

检验结果表明，男女大学生在活动比赛（X^2=12.12，p<0.001）、人际交往（X^2=18.29，p<0.001）、生活安逸（X^2=4.33，p<0.05）、休闲娱乐（X^2=7.40，p<0.01）、学业成就（X^2=45.74，p<0.001）和意外事件（X^2=11.77，p<0.001）等六类正性生活事件上发生频率之间存在显著的差异，并且整体的趋势是男生正性生活事件发生的频率要显著地高于女生，这说明大学期间男生感受到的生活事件的积极影响要比女生多。而在亲友支持、自我实现生活事件类型上，男女大学生在发生频率上并没有显著差异。

（四）不同年级大学生正性生活事件发生频率的差异比较

以年级作为自变量，将八类正性生活事件作为因变量，进行独立样本的非参数检验。

检验结果表明，除了在学业成就、意外事件两种生活事件类型上，不同年级学生的发生频率不存在显著差异以外，在活动比赛（X^2=20.93，p<0.001）、亲友支持（X^2=35.50，p<0.001）、人际交往（X^2=37.67，p<0.001）、生活安逸（X^2=16.51，p<0.01）、休闲娱乐（X^2=20.22，p<0.001）和自我实现（X^2=61.44，p<0.001）

六种生活事件类型上，不同年级大学生的发生频率均存在显著的差异。进一步检验发现，在活动比赛类型上，大一、大二学生发生频率显著地高于大三、大四学生；在亲友支持和自我实现类型上，大二学生显著地高于大一、大三和大四学生；在人际交往、生活安逸和休闲娱乐类型上，大二、大四学生显著地高于大一、大三学生。

四、讨论与建议

（一）讨论

本研究从积极心理学的视角，对当前大学生经历的正性生活事件进行了开放式调查，并运用了严格的质性分析方法对调查的文本资料进行了主题分析，与以往的研究结果相比，不仅结果更接近当前大学生的实际，更为准确，而且在一定程度上弥补了以往关于正性生活事件研究的不足，研究更为全面。本研究发现，当前大学生所经历的正性生活事件可以归结为亲友支持、人际交往、生活舒适、休闲娱乐、学业成就、意外事件、自我实现和活动比赛八大类型。其中，人际交往和学业成就方面的正性生活事件发生最为频繁，二者合计发生的频率占所有正性生活事件的 40% 左右，这是当代大学生所经历的最主要的正性生活事件类型。

从发生的具体正性生活事件来看，娱乐（7.67%）、游玩（6.45%）、生活舒适（6.45%）、结交朋友（6.36%）、参加活动（6.27%）和学习（5.66%）是发生频率位于前 6 位的正性生活事件，这 6 种正性生活事件大体可以归结到休闲娱乐、人际交往和学业成就三大类型中，这表明当代大学生积极情感的来源既包括了学业成就的取得，社会支持的增加，也包括休闲娱乐所带来的满足。特别是在当前来自学业、前途、社会等各个方面的压力逐渐增大的形势下，大学生越来越多地通过郊游、看电影、聚会等方式来娱乐和放松，因此娱乐、游玩逐渐成为当前大学生经历的重要的正性生活事件。应该说，休闲娱乐活动的增多对大学生缓解各方面的压力，保持身心健康具有积极意义。另外，人际交往和学业成就仍然在当前大学生的需要系统中占据重要地位，因此结交朋友、参加活动、学习作为满足大学生人际交往和学业成就需要的主要途径和手段，也是影响大学生的主要的正性生活事件。

本研究发现，男女大学生在活动比赛、人际交往、生活安逸、休闲娱乐、学业成就和意外事件六类正性生活事件上发生频率存在显著的差异，并且整体的趋势是男生经历的正性生活事件的频率要显著地高于女生。该结果表明，与男生相比，女生更不容易受到正性生活事件的影响。本研究还发现，除了学业成就和意外事件两类之外，在大学生中存在的一个普遍的趋势是大二学生经历的正性生活事件显著地高于其他年级学生，该结果与蒋燕宾（2008）的研究结果类似。这说明，大二学年是大学生经历正性生活事件的一个关键时期。

（二）建议

基于本研究的结果，笔者认为，要充分发挥正性生活事件对大学生的积极影响，应该着重注意以下几点：第一，根据本研究的结果，教育工作者应将关注的重点放在大学生的人际交往和学业成就两个方面。对大学生人际交往过程中良好的行为表现以及优异学业成绩的取得，应及时给予表彰和奖励，形成示范效应，从而最大化地发挥正性生活事件对大学生的积极效应。第二，要重点做好对女大学生的帮助和指导。由于女大学生更不容易受正性生活事件影响，因此，在面对压力事件时，她们可能更不容易找到缓解压力的合适途径，相应地其心理健康水平更低。这就提醒教育工作者要特别关注女大学生这一群体，以便及时发现各种身心障碍，并给予针对性的指导，帮助其尽快调整身心，重新回到正确的轨道上来。第三，充分利用大二学年这一关键时期，提高学生心理健康水平。大二学生的正性生活事件显著增多的事实，说明大二学年在大学教育阶段是一个非常关键的时期。高校和教育工作者应紧紧抓住这一关键时期，充分利用正性生活事件在该时期对学生的特殊影响，夯实大学生身心健康的基础。该时期的有效利用，对于塑造大学生的完善人格，增强学生的主观幸福感，提高其心理健康水平，能够起到事半功倍的作用。

第四章 研究二：情感强度不同生活事件对情感和行为的影响

第一节 实验1 生活事件的不同性质和组成对个体的影响

一、研究目的

Seta（2008a，2008b）的研究表明，在正性生活事件材料中，当被试面对 1 个高正性生活事件（单独条件）和 2 个正性生活事件（复合条件：1 高 +1 低）时，个体对前者会产生更积极的情感体验，并倾向于选择前者。由此得出结论，当事件之间有不同的情感强度时，“正性事件越多越不好”。同样，在负性生活事件材料中，当被试面对 1 个高负性生活事件（单独条件）和 2 个负性生活事件（复合条件：1 高和 1 低）时，个体对前者会产生更紧张的负性情感反应，并倾向于选择后者。由此得出结论，当事件之间有不同的情感强度时，“负性事件越多越好”。该研究结果说明，当生活事件的情感强度有差异时，会出现平均效应。本实验准备在中文条件下验证当生活事件情感强度有差异时，是否会存在平均效应。

二、研究方法

（一）被试

以选修心理学课程的大学生为被试，36 人参加本实验，男女各半。

（二）实验材料

采用研究一中正性生活事件和负性生活事件调查搜集来的材料各 10 组，其中部分材料来自 Seta（2008a，2008b）研究中所用的材料，但都经过了评定。首先让一批被试对选出的生活事件材料进行情感评定，以 −10 到 +10 进行等级计分，−10 表示非常负性，0 表示中性，+10 表示非常正性，高情感事件的评定得分在 ±6.5 左右，低情感事件的评定得分在 ±3.5 左右（见附录 2 和附录 3）。举例如下：

正性生活事件：

1 高 +1 低：送某人一个礼物对方很喜欢，并且在零售店免费品尝一小块食物。

单独 1 高：和一个久未谋面的老朋友一起吃饭。

注：两个高正性生活事件都有相等的机会出现在 1 高 +1 低的复合事件情境中和单独 1 高的事件情境中。

负性生活事件：

1 高 +1 低：与一个重要人物吵架，并且上课时把食物弄在了衬衣上。

单独 1 高：考试成绩不理想。

注：两个高负性生活事件有相等的机会出现在 1 高 +1 低的复合

事件情境中和单独 1 高的事件情境中。

（三）实验设计

本实验采用 2（材料性质：正性 vs 负性）×2（事件组成：复合事件 1 高 +1 低 vs 单独事件 1 高）的被试内设计。材料的性质和事件组成都为组内变量。因变量是被试的情感评定得分和选择。材料的顺序采用 ABBA 法进行平衡，一半被试先看正性材料，隔 5 分钟再看负性材料；另一半被试先看负性材料，隔 5 分钟再看正性材料。

（四）实验程序

在实验前，首先告诉被试研究者对他们在不同事件下的反应感兴趣。然后给他们实验材料（反扣在桌面上），上面有不同的实验处理。

情感诱发程序：我们采用了前人普遍采用的操作诱发情感状态（e.g. Schwarz & Clore，1983）：在被试报告他们的情感评定得分和作出选择之前，要求被试简短写下几个高兴的事件或者几个不愉快的事件（看正性材料时要求被试写下正性的、愉快的事件，看负性材料时要求被试写下负性的、不愉快的事件）。通过写下的事件的引发效应，增加了被试与生活事件的含义联系起来的可能性。因此，这种操作被认为包含了真实的情感效应。

正式实验程序：让被试打开发下去的实验材料，阅读纸张上写的事件并考虑这些事件如果发生在自己身上会怎样，请被试标识经历单独的 1 高情感事件和复合事件（1 高 +1 低）的情感强度。用“101 等级”标识出他们感觉负性或者正性的程度，“0”表示“极低负性（正性）”，“100”表示“非常负性（正性）”。另外，要求他们用画圈的方式在两个选项中（1 高，1 高 +1 低）选择：告诉他们如果一定要进行选择，他（她）会选择经历哪个选项描述的情境。平衡选项和事件出现的顺序：单独的高强度事件选项可能在复合事件（1 高 +1 低）选项之前或之后；在复合条件下，被试可能先阅读高情感强度的生活事件，也可能先阅读低情感强度的生活事件。

（五）数据处理

将获得数据输入 SPSS13.0 软件包进行统计分析。

三、结果与分析

将被试对每组材料的情感评定得分和选择进行记录。实验结果见表 4.1。

表4.1　不同性质事件在不同组成条件下的情感评定和选择

事件组成	1高		1高+1低	
	ER	SR	ER	SR
负性事件	63.79 ± 18.41	144（41.4%）	59.83 ± 17.34	204（58.6%）
正性事件	72.36 ± 15.30	209（59.7%）	68.93 ± 16.63	141（40.3%）

注：ER（emotional response）：情感评定得分；SR（select response）：反应选择（个数和百分比）。

对表 4.1 情感评定得分数据进行两因素重复测量的方差分析，结果表明，材料性质主效应显著，$F_{(1,\ 35)}$=10.34，p<0.01，正性生活事件的情感评定得分显著地高于负性生活事件。事件组成主效应显著，$F_{(1,\ 35)}$=11.12，p<0.01，单独事件 1 高的情感评定得分显著高于复合事件 1 高 +1 低的情感评定得分。材料性质与事件组成的交互作用不显著 $F_{(1,\ 35)}$=0.05，p=0.82。说明无论在正性还是负性生活事件条件下，对 1 高 +1 低事件的加工都出现了平均效应。

本研究主要关注的是在正性生活事件和负性生活事件的条件下，被试对复合事件 1 高 +1 低和单独事件 1 高的情感评定得分和反应选择。

情感评定分析：首先，分别对正性生活事件和负性生活事件材料在单独 1 高和 1 高 +1 低条件下的情感评定得分进行配对样本 T 检验。在负性生活事件条件下，单独事件 1 高的情感评定得分（M=63.79）高于复合事件 1 高 +1 低的情感评定得分（M=59.83），差异非常显著：$t_{(35)}=2.25$，$p<0.05$，说明在负性生活事件条件下，对 1 高 +1 低事件的加工出现了平均效应。在正性生活事件条件下，单独事件 1 高的情感评定得分（M=72.36）也高于复合事件 1 高 +1 低的情感评定得分（M=68.93），差异非常显著：$t_{(35)}=2.31$，$p<0.05$，说明在正性生活事件条件下，对 1 高 +1 低事件的加工也出现了平均效应。对负性和正性生活事件复合事件 1 高 +1 低的呈现顺序（“1 高 +1 低”和“1 低 +1 高”）的情感评定得分进行分析，没有发现顺序效应。在负性生活事件条件下，$t_{(35)}=-0.84$，$p=0.41$；在正性生活事件条件下，$t_{(35)}=0.25$，$p=0.80$。说明，无论在正性还是负性生活事件条件下，事件出现的顺序（高在前或低在前）对个体的情感反应都没有影响。

行为选择分析：对正性生活事件和负性生活事件条件下被试对复合事件 1 高 +1 低和单独事件 1 高的选择进行 X^2 检验。在负性生活事件条件下，被试选择愿意经历复合事件 1 高 +1 低的选项超过了单独 1 高负性事件的选项，结果是 204（58.6%）：144（41.4%），$X^2_{(N=36)}=10.35$，$p<0.001$，被试更愿意经历负性情感评定比较低的复合事件，这与负性事件的情感评定结果也是一致的。在正性生活

事件条件下，被试选择单独1高的选项超过了复合事件1高+1低事件的选项，结果是209（59.7%）：141（40.3%），$X^2_{(N=36)}=13.21$，$p<0.001$，被试更愿意经历正性情感评定比较高的单独事件，这与正性情感评定的结果也是一致的。对负性和正性生活事件复合事件1高+1低的呈现顺序（“1高+1低”和“1低+1高”）进行分析。在负性生活事件条件下，被试对“1高+1低”选项的选择（105，51.5%）没有显著高于“1低+1高”（99，48.5%）选项的选择，$X^2_{(N=36)}=0.17$，$p=0.67$，说明没有顺序效应。而在正性生活事件条件下,被试对“1高+1低”的选择（79,56.1%）与“1低+1高”（62，43.9%）的选择也没有显著差异，$X^2_{(N=36)}=2.05$，$p=0.15$，没有顺序效应。说明无论在何种性质材料下，事件出现的顺序对个体的选择没有影响。

本实验的目的是在中文条件下考察生活事件有差异时，个体的反应是否也会出现平均效应。结果表明，以情感评定得分进行考察时，无论在正性生活事件还是负性生活事件中，个体对情感强度有差异的生活事件（1高+1低）和单独1高的生活事件进行比较，前者的情感评定得分会比后者得分低，在个体行为选择上也出现了与情感评定一致的表现，出现了平均效应，这个结果与Seta（2008a,2008b）的研究结果相符。当对1高+1低出现的顺序效应进行分析时，在情感评定的指标上没有发现顺序效应。1高+1低生活事件的情感强度评分出现了平均效应，符合A/S模型中关于平均效应的解释——平均效应不受事件出现顺序的影响，不支持峰－终定律的假设——认为1高+1低事件出现的顺序会对平均效应有影响，“1高+1低”的情感得分应低于“1低+1高”。之所以在1高+1低的事件出现平均效应，可能的原因是当事件之间的情感差异明显时，1高+1低的总情感强度非常明显，而平均水平却不明显，吸引个体将注意力集中在了事件的平均水平上，所以对不同情感强度的生活事件进行加工时，个体关注的是事件的平均趋势。

本实验证明了在生活事件间情感强度有差异时，这些事件的组合会产生平均效应，但是不是任何不同情感强度的事件组合在一起都会产生平均效应？按照A/S模型的解释应该是这样的。但是我们考虑到生活当中还经常会出现“锦上添花”、“屋漏偏逢连阴雨”这样相关联的事件，结果却产生了更强烈的情感反应，因此，如果情感强度存在差异的事件是属于同一种类型或者来源，是否还会出现平均效应呢？我们的预期是可能在这种条件下个体对事件的情感强度感知会出现累加效应。实验2将检验这种可能性。

第二节　实验2　生活事件的类别对个体的影响

一、研究目的

探讨在生活事件的情感强度有差异时，生活事件的类别对个体的情感反应和选择的影响。

二、研究方法

（一）被试

以选修心理学课程的大学生为被试，54人参加正式实验，男女各半。

（二）实验材料

采用研究一中正性生活事件和负性生活事件调查搜集来的材料，首先让 40 个被试（与正式实验的被试不同）对各个生活事件材料进行情感评定。以 -10 到 +10 进行等级计分，-10 表示非常负性，0 表示中性，+10 表示非常正性，高情感事件的评定得分在 ±6.5 左右，低情感事件的评定得分在 ±3.5 左右。然后按照是否同类匹配出各 5 组，这样每种性质的材料各有 10 组，其中 5 组为同类材料，5 组为异类材料，同类的材料按照大学生群体中发生频次比较高的核心类别进行选择。另外，这些材料是否属于同类，让 15 个被试进行了评定，要求被试对一组材料中的生活事件是否属于“同一类别”或“不同类别”进行“是”和“否”的选择，97.3% 的被试评定同类材料为“是”，98.6% 的被试评定异类材料为“是”。（见附录 4）材料举例如下：

正性生活事件：

1 高 +1 低：异性同学对自己微笑，并且被喜欢的异性关注（同类）。

1 高 +1 低：捡了两块钱，并且与心仪的异性约会（异类）。

单独 1 高：与心仪的异性约会。

负性生活事件：

1 高 +1 低：与舍友吵架，并且与同学打招呼同学没看见（同类）。

1 高 +1 低：丢了两块钱，并且与舍友吵架（异类）。

单独 1 高：被好友误会。

注：两个高情感强度事件有相等的机会出现在 1 高 +1 低的复合事件情境中和单独 1 高的事件情境中。选项出现的顺序和复合事件内事件出现的顺序都进行了平衡。

（三）实验设计

实验 2 采用 2（材料性质：正性 vs 负性）×2（事件的类型：同类 vs 异类）×2（事件组成：复合事件 1 高 +1 低 vs 单独事件 1 高）的被试内设计。材料性质、事件的类型和事件组成都为组内变量。因变量是被试的选择和情感评定得分。

（四）实验程序

在实验前，首先告诉被试研究者对他们在不同事件下的反应感兴趣。然后给他们实验材料（反扣在桌面上），上面有不同的实验处理。

情感诱发程序：我们采用了前人普遍采用的操作诱发情感状态（e.g. Schwarz & Clore，1983）：在被试报告他们的情感评定得分和作出选择之前，要求被试简短写下几个高兴的事件或者几个不愉快的事件（看正性材料时要求被试写下正性的、愉快的事件，看负性材料时要求被试写下负性的、不愉快的事件）。通过写下的事件的引发效应，增加了被试与生活事件的含义联系起来的可能性。因此，这种操作被认为包含了真实的情感效应。

正式实验程序：让被试打开发下去的实验材料，阅读纸张上写的事件并考虑这些事件如果发生在自己身上会怎样，请被试标识经历单独的 1 高情感事件和复合事件（1 高 +1 低）的情感强度。用“101 等级”标识出他们感觉负性或者正性的程度，“0”表示“极低负性（正性）”，“100”表示“非常负性（正性）”。另外，要求他们用画圈的方式在两个选项中（1 高，1 高 +1 低）选择：告诉他们如果一定要进行选择，他（她）会选择经历哪个选项描述的情境。平衡选项和事件出现的顺序：单独的高强度事件选项可能在复合事件（1 高 +1 低）选项之前或之后；在复合条件下，被试可能先阅读高情感强度的生活事件，也可能先阅读低情感强度的生活事件。

（五）数据处理

将获得数据输入 SPSS13.0 软件包进行统计分析。

三、结果与分析

记录被试对每组材料的情感评定得分和选择。实验结果见表 4.2 和表 4.3。

表4.2　负性事件在不同类别和不同组成条件下的情感评定和选择

事件组成	1高		1高+1低	
	ER	SR	ER	SR
同类事件	65.97 ± 14.96	182（67.4%）	69.91 ± 15.27	88（32.6%）
异类事件	70.07 ± 12.44	106（39.4%）	68.13 ± 14.44	164（60.6%）

注：ER= 情感评定得分；SR= 反应选择（个数和百分比）。

表4.3　正性事件在不同类别和不同组成条件下的情感评定和选择

事件组成	1高		1高+1低	
	ER	SR	ER	SR
同类事件	72.77 ± 13.42	145（54.3%）	73.85 ± 14.54	122（45.7%）
异类事件	74.36 ± 14.10	172（63.7%）	67.82 ± 12.99	98（36.3%）

注：ER= 情感评定得分；SR= 反应选择（个数和百分比）。

本研究主要关注的是分别在正性生活事件和负性生活事件下，复合条件中的事件是同类和异类时，被试对复合事件 1 高 +1 低和单独事件 1 高的情感评定和选择。因此，我们分别对正性和负性生活事件的情感反应和行为选择进行分析。

（一）负性生活事件的情感评定和选择分析

对表 4.2 负性生活事件的情感评定得分进行两因素重复测量

的方差分析，结果表明，事件组成主效应不显著，$F_{(1,\ 53)}=1.25$，$p=0.26$。事件类别主效应不显著，$F_{(1,\ 53)}=1.53$，$p=0.22$。事件组成与事件类别的交互作用显著，$F_{(1,\ 53)}=19.46$，$p<0.001$。简单效应分析表明，当复合事件中的事件是同类时，1 高 +1 低复合事件的情感评定得分高于单独的 1 高事件，$t_{(53)}=3.36$，$p<0.01$，表现出累加效应；当复合事件中的事件不属于同类时，1 高 +1 低复合事件的情感评定得分低于单独的 1 高事件，$t_{(53)}=-1.84$，$p=0.07$，达到边缘显著，表现出平均效应。说明尽管事件的情感强度之间有差异，但因为这些事件属于同类，个体在加工时表现出了累加效应。对复合事件 1 高 +1 低的呈现顺序“1 高 +1 低”（68.25 ± 15.16）和“1 低 +1 高”（69.79 ± 14.57）的情感评定得分进行分析，没有发现顺序效应，$t_{(53)}=-1.53$，$p=0.13$。

对表 4.2 负性生活事件在不同组成和类别条件下的选择进行 2×2 的列联表分析，$X^2_{(N=54)}=42.46$，$p<0.001$，说明对不同类别的材料在不同组成条件下的选择是有差异的。进一步分析表明：当复合事件 1 高 +1 低中的事件是同类时，被试选择愿意经历单独 1 高负性事件的选项超过了复合事件 1 高 +1 低的选项，结果是 182（67.4%）：88（32.6%），$X^2_{(N=54)}=32.73$，$p<0.001$，被试更愿意经历负性情感评定比较低的单独 1 高事件，这与前面情感评定的结果是一致的（被试在同类的 1 高 +1 低负性事件的情感反应高于单独的负性 1 高），本结果从被试的选择上也印证了同类的 1 高 +1 低的情感反应出现了累加效应。当 1 高 +1 低中的复合事件是异类时，被试选择 1 高 +1 低事件的选项超过了单独 1 高的选项，结果是 164（60.6%）：106（39.4%），$X^2_{(N=54)}=12.08$，$p<0.01$，在这种

情况下，被试更愿意经历负性情感评定比较低的异类 1 高 +1 低事件，表现出平均效应，这与前面情感评定的结果也是一致的。对复合事件 1 高 +1 低的呈现顺序（高在前“1 高 +1 低”和低在前“1 低 +1 高”）进行分析，被试对“1 高 +1 低”的选择（93，50.5%）与“1 低 +1 高”（91，49.5%）的选择没有显著差异，$X^2_{(N=54)}=0.02$，$p=0.88$，没有发现顺序效应。

（二）正性生活事件的情感评定和选择分析

对表 4.3 正性生活事件的情感评定得分数据进行两因素重复测量的方差分析，结果表明，事件组成主效应显著，$F_{(1, 53)}=23.55$，$p<0.001$，单独事件 1 高的得分显著高于 1 高 +1 低复合事件。事件类别主效应显著，$F_{(1, 53)}=11.37$，$p<0.01$，同类事件组的得分显著地高于异类事件组。事件组成与事件类别的交互作用显著，$F_{(1, 53)}=9.22$，$p<0.01$。简单效应分析表明，当复合事件中的事件是同类时，1 高 +1 低复合事件与单独的 1 高事件的情感评定得分差异不显著，$t_{(53)}=0.83$，$p=0.41$，没有出现平均效应，也没有出现累加效应（当然也可能是累加效应不明显，因为同类事件 1 高 +1 低（73.85）> 单独 1 高（72.77））；当复合事件中的事件不属于同类时，1 高 +1 低复合事件的情感评定得分显著低于单独的 1 高事件，$t_{(53)}=-6.05$，$p<0.001$，表现出平均效应。尽管在同类的 1 高 +1 低事件与单独的 1 高事件没有显著差异，没有出现显著的累加效应，但是也没有出现平均效应，而 1 高 +1 低（异类）已经证明了平均效应的出现，在对 1 高 +1 低（同类）事件和 1 高 +1 低（异类）事件进行比较后，发现前者在情感评定得分方面显著高于后者，$t_{(53)}=5.48$，$p<0.001$，由此可以推测，1 高 +1 低

（同类）时也出现了累加效应，只不过这种累加效应不太明显。从 1 高 +1 低（同类）（73.85）和单独 1 高的情感强度的分值（72.77）上进行比较（73.85>72.77），也说明了这一点。对复合事件 1 高 +1 低的呈现顺序“高在前（1 高 +1 低）（70.31 ± 14.41）”和“低在前（1 低 +1 高）（69.25 ± 12.85）”的情感评定得分进行分析，也没有发现顺序效应，$t_{(53)}=1.04$，$p=0.26$。

对表 4.3 正性生活事件在不同组成和类别条件下的选择进行 2 × 2 的列联表分析，$X^2_{(N=54)}=4.9$，$p<0.05$，说明对不同类别的材料在不同组成条件下的选择是有差异的。进一步分析表明：当 1 高 +1 低中的复合事件是同类时，被试选择愿意经历单独 1 高负性事件的选项与复合事件 1 高 +1 低的选项没有显著差异，结果是 145（54.3%）：122（45.7%），$X^2_{(N=54)}=1.98$，$p=0.16$，这与前面情感评定的结果是一致的。当 1 高 +1 低中的复合事件是异类时，被试选择单独 1 高的选项超过了 1 高 +1 低的选项，结果是 172（63.7%）：98（36.3%），$X^2_{(N=54)}=20.3$，p<0.001，说明被试更愿意经历正性情感评定比较高的单独 1 高事件，这与前面情感评定的结果也是一致的。对复合事件 1 高 +1 低的呈现顺序（高在前“1 高 +1 低”和低在前“1 低 +1 高”）进行分析，被试对“1 高 +1 低”的选择（116，52.7%）与“1 低 +1 高”（104，47.3%）的选择没有显著差异，$X^2_{(N=54)}=0.65$，$p=0.42$，没有出现顺序效应。

本实验结果表明，尽管复合事件条件下事件之间的情感强度有差异，但因为这些事件属于同类，个体在加工时表现出了累加效应。我们试着用心理账户的理论进行解释。按照心理账户的理论，人们在心理上无意识地把资源划归不同的账户进行管理，不同的心理账户有不同的记账方式和心理运算法则，在心理账户里，对每一块钱并不是一视同仁，而是视不同来处，去往何处采取不同的态度。因此，我们推测，对于不同来源的生活事件也可能存在不同的心理账户，表现出不同的运算法则（Thaler，1999）。具体表现为当生活事件的来源相同时，个体把同来源（同类）的事件放在了同一个心理账户中进行加工，导致情感感受性增加；而当事件不属于同类时，个体将这些事件放在不同的心理账户中，因为事件不在同一个账户里面，所以情感强度不方便累加，而且另一个心理账户的生活事件出现，反而让个体更容易从高情感强度的生活事件上分心，个体的情感感受性下降，表现出平均效应。

本研究还发现，在负性生活事件条件下这种累加效应比较明显，而正性生活事件条件下同类事件的累加效应不太明显，可能是因为与正性的刺激相比，个体对负性的刺激更加敏感。根据前景理论的价值函数理论，在价值函数曲线上，损失曲线的斜率比获益曲线的斜率更大，例如丢掉 100 元钱所带来的痛苦比捡到 100 元的愉悦感更强烈（李爱梅，凌文辁，2007）。所以对于加入同样的低正性或负性生活事件，个体的感受性不同。

本研究的结果不能用 A/S 模型做出合理的解释，A/S 模型认为生活事件情感强度有差异，就会出现平均效应。本研究的结果中 A/S 模型的平均模型只能解释事件不同类时出现的平均效应，不能解释事件同类时出现的累加效应。当然同类时累加效应的出现也可以用经济模型来解释，但是经济模型却无法解释事件异类时的平均效应。因此，我们尝试用心理账户的理论进行了解释，在后面的一般讨论中会更深入地讨论这个结果。这个实验中没有发现顺序效应，说明峰－终定律在此条件下不适用，平均效应和累加效应的影响超过了顺序效应。

实验 1 和实验 2 的结果表明了生活事件的情感强度和类别对个体加工的影响，发现了 A/S 模型的平均模型在解释情感强度差异事件加工时的局限性，发现了当事件为同类时，个体的反应不是出现了平均效应，而是出现了累加效应，我们试着用心理账户进行了解释。本实验也没有发现峰－终定律的顺序影响。

在实验 2 中的发现让我们认识到不同情感强度生活事件的加工并不是一成不变的，而是受到其他条件的影响（如事件的类别），表现出动态加工的特点。那么，如果事件在短时间内连续发生时，受认知资源的限制，即使不是同类的事件是否也会出现累加效应？而且现实生活中生活事件的发生也确实是有明显的时间标志的。另外，峰－终定律强调事件的顺序和时间特点，既然顺序特点对本材料不适用，那么生活事件发生的时间特点是否会对它们的加工产生影响，时间特征对于峰－终定律来说是不是个关键特征？接下来，实验 3 将对这一问题进行探讨。

第三节　实验3　生活事件的发生时间对个体的影响

一、研究目的

探讨生活事件的情感强度有差异时，生活事件为异类时，生活事件发生的时间对个体的情感反应和选择的影响。

二、研究方法

（一）被试

以选修心理学课程的大学生为被试，54 人参加正式实验，男女各半。

（二）实验材料

采用研究一中正性生活事件和负性生活事件调查搜集来的材料。首先让 40 个被试（非正式实验被试）对 20 组生活事件材料（正性和负性各 10 组）进行情感评定。选择的高情感事件的评定得分还是在 ±6.5 左右，低情感事件的评定得分在 ±3.5 左右。因为本实验主要是考察即使生活事件为异类时，在不同时间条件下个体的反应，所以实验材料与实验二异类材料相同。每个性质中的 10 组材料，有 5 组材料的复合事件是连续发生，5 组复合事件的材料不是连续发生。（见附录 5）材料举例如下：

正性生活事件

1 高 +1 低：刚与心仪的异性约会，又捡了两块钱（连续发生）。

1 高 +1 低：与心仪的异性约会，并且在超市捡到两块钱（不连续发生）。

单独 1 高：被喜欢的异性赞赏。

负性生活事件

1 高 +1 低：刚知道考试成绩不理想，衣服上又不小心弄上了食物（连续发生）。

1 高 +1 低：考试成绩不理想，并且衣服上不小心弄上了食物（不连续发生）。

单独1高：学习压力比较大。

（三）实验设计

实验3采用2（材料性质：正性vs负性）×2（发生时间：连续vs不连续）×2（事件组成：复合事件1高+1低vs单独事件1高）被试内设计。因变量是被试的选择和情感评定得分。

（四）实验程序

在实验前，首先告诉被试研究者对他们在不同事件下的反应感兴趣。然后给他们实验材料（反扣在桌面上），上面有不同的实验处理。

情感诱发程序：我们采用了前人普遍采用的操作诱发情感状态（e.g. Schwarz & Clore，1983）：在被试报告他们的情感评定得分和作出选择之前，要求被试简短写下几个高兴的事件或者几个不愉快的事件（看正性材料时要求被试写下正性的、愉快的事件，看负性材料时要求被试写下负性的、不愉快的事件）。通过写下的事件的引发效应，增加了被试与生活事件的含义联系起来的可能性。因此，这种操作被认为包含了真实的情感效应。

正式实验程序：让被试打开发下去的实验材料，阅读纸张上写的事件并考虑这些事件如果发生在自己身上会怎样，请被试标识经历单独的1高情感事件和复合事件（1高+1低）的情感强度。用"101等级"标识出他们感觉负性或者正性的程度，"0"表示"极低负性（正性）"，"100"表示"非常负性（正性）"。另外，要求他们用画圈的方式在两个选项中（1高，1高+1低）选择：告诉他们如果一定要进行选择，他（她）会选择经历哪个选项描述的情境。

平衡选项和事件出现的顺序：单独的高强度事件选项可能在复合事件（1 高 +1 低）选项之前或之后；在复合条件下，被试可能先阅读高情感强度的生活事件，也可能先阅读低情感强度的生活事件。

（五）数据处理

将获得数据输入 SPSS13.0 软件包进行统计分析。

三、结果与分析

记录被试对每组材料的情感评定得分和选择。实验结果见表 4.4 和表 4.5。

表4.4 负性事件不同组成和不同时间条件下的情感评定和选择

事件组成	1高		1高+1低	
	ER	SR	ER	SR
不连续发生	78.90 ± 10.38	111（42.0%）	75.99 ± 10.33	153（58.0%）
连续发生	75.96 ± 11.23	110（40.7%）	73.45 ± 11.09	160（59.3%）

注：ER= 情感评定得分；SR= 反应选择（个数和百分比）。

表4.5 正性事件不同组成和不同时间条件下的情感评定和选择

事件组成	1高		1高+1低	
	ER	SR	ER	SR
不连续发生	80.56 ± 10.50	164（60.7%）	76.65 ± 10.27	106（39.3%）
连续发生	78.41 ± 9.87	149（55.2%）	76.44 ± 11.36	121（44.8%）

注：ER= 情感评定得分；SR= 反应选择（个数和百分比）。

本研究主要关注的是在正性生活事件和负性生活事件下，复合条件中的事件不同的发生时间如何影响被试对复合事件的情感评定和选择。因此，我们分别对正性和负性生活事件在不同条件下的情感反应和选择进行分析。

（一）负性生活事件的情感评定和选择分析

对表 4.4 负性生活事件的情感评定得分数据进行两因素重复测量的方差分析，结果表明，事件组成主效应显著，$F_{(1,\ 53)}=5.25$，$p<0.05$，单独 1 高事件的负性情感得分高于复合事件 1 高 +1 低的评分。事件发生时间主效应也显著，$F_{(1,\ 53)}=10.60$，$p<0.01$，不连续发生组事件的得分高于连续发生组事件的得分。事件组成与事件发生时间的交互作用不显著，$F_{(1,\ 53)}=0.10$，$p=0.80$。事件组成的主效应显著，说明当生活事件的情感强度之间有差异时，无论这些事件是连续发生还是不连续发生，单独 1 高事件的情感评定得分均显著高于 1 高 +1 低复合事件，表现出平均效应。

对复合事件 1 高 +1 低的呈现顺序“1 高 +1 低”（74.23 ± 10.76）和“1 低 +1 高”（75.17 ± 10.45）的情感评定得分进行分析，没有发现顺序效应，$t_{(53)}=-1.09$，$p=0.28$。但是考虑峰 - 终定律的出现受时间发生顺序的影响，在复合事件连续发生（有明显时间顺序）和不连续发生（无明显时间顺序）时，是否会有不同的表现，所以对连续发生和不连续发生条件下的顺序效应进行分析。结果发现，当复合事件不连续发生时，“1 高 +1 低”（75.90 ± 12.53）和“1 低 +1 高”（76.48 ± 11.40）的情感评定得分没有发现顺序效应，$t_{(53)}=-0.37$，$p=0.71$；而当复合事件为连续发生时，“1 高 +1 低”（72.41 ± 11.50）的情感评定得分低于“1 低 +1 高”（74.55 ± 12.43）的情感评定得分，$t_{(53)}=-1.78$，$p=0.08$，达到边缘显著，发现了顺序效应。由此可以得出结论，当复合的生活事件有明显的连续发生的时间特点时，这些相对独立的生活事件引发的情感体验仍然受峰 - 终定律的影响。

对表 4.4 负性生活事件在不同组成和时间条件下的选择进行 2×2 的列联表分析，$X^2_{(N=54)}=0.09$，$p=0.76$，说明对不同时间特点的材料在不同组成条件下的选择是没有差异的。对负性生活事件的复合事件在不同时间条件下的选择和单独事件的选择分别进行 X^2 分析。当 1 高 +1 低中的复合事件是连续发生时，被试选择愿意经历复合事件 1 高 +1 低的选项超过了单独 1 高负性事件的选项，结果是 160（59.3%）：110（40.7%），$X^2_{(N=54)}=9.25$，$p<0.01$，被试更愿意经历负性情感评定比较低的 1 高 +1 低事件，这与前面情感评定的结果是一致的。当 1 高 +1 低中的复合事件是不连续发生时，被试选择 1 高 +1 低事件的选项也超过了单独 1 高的选项，结果是 153（58.0%）：111（42.0%），$X^2_{(N=54)}=6.68$，$p<0.05$，被试更愿意经历负性情感评定比较低的 1 高 +1 低事件，表现出平均效应，这与前面情感评定的结果也是一致的。对复合事件 1 高 +1 低的呈现顺序（高在前“1 高 +1 低”和低在前“1 低 +1 高”）进行分析，被试对“1 高 +1 低”的选择（156，49.8%）与“1 低 +1 高”（157，50.2%）的选择没有显著差异，$X^2_{(N=54)}=0.03$，$p=0.95$，说明没有出现顺序效应。

（二）正性生活事件的情感评定和选择分析

对表 4.5 正性生活事件的情感评定得分数据进行两因素重复测量的方差分析，结果表明，事件组成主效应显著，$F_{(1,53)}=21.92$，$p<0.001$，单独事件 1 高的得分显著高于 1 高 +1 低复合事件。事件发生时间主效应显著，$F_{(1,53)}=3.88$，$p=0.05$，不连续发生组事件的得分显著地高于连续发生组事件的得分。事件组成与事件类别的交互作用不显著，$F_{(1,53)}=2.40$，$p=0.13$。事件组成的主效应显著，

说明生活事件的情感强度之间有差异时，无论这些事件是连续发生还是不连续发生，1 高 +1 低复合事件的情感评定得分均显著低于单独 1 高事件，表现出平均效应。

对复合事件 1 高 +1 低的呈现顺序“1 高 +1 低”(75.95 ± 12.56) 和“1 低 +1 高”(77.14 ± 9.64) 的情感评定得分进行分析，也没有发现顺序效应，$t_{(53)}=-1.04$，$p=0.30$。分别对连续发生和不连续发生条件下的顺序效应进行分析。结果发现，当复合事件不连续发生时，“1 高 +1 低”(76.83 ± 13.24) 和“1 低 +1 高”(76.71 ± 10.15) 的情感评定得分没有发生顺序效应，$t_{(53)}=0.08$，$p=0.94$；而当复合事件为连续发生时，“1 高 +1 低”(74.89 ± 13.54) 显著低于“1 低 +1 高”(77.47 ± 11.28) 的情感评定得分，$t_{(53)}=-2.16$，$p<0.05$，出现了顺序效应。由此可以得出结论，在正性生活事件中，当复合事件的组成有明显的时间发生顺序时，个体对生活事件的加工会受事件发生顺序的影响，表现出与峰 - 终定律一致的结果。

对表 4.5 正性生活事件在不同组成和时间条件下的选择进行 2 × 2 的列联表分析，$X^2_{(N=54)}=1.71$，$p=0.19$，说明对不同时间特点的材料在不同组成条件下的选择是没有差异的。对正性生活事件的复合事件不同发生时间下的选择和单独事件 1 高的选择分别进行 X^2 分析。当 1 高 +1 低中的复合事件是连续发生时，被试选择更愿意经历单独 1 高正性事件的选项超过复合事件 1 高 +1 低的选项，结果是 149 (55.2%) : 121 (44.8%)，$X^2_{(N=54)}=2.90$，$p=0.08$，达到边缘显著，被试更愿意经历正性情感比较高的生活事件情境，与前面情感评定的结果一致。当 1 高 +1 低中的复合事件是不连续发生时，被试选择单独 1 高的选项也超过了 1 高 +1 低的选项，结果是 164（60.7%）：106（39.3%），$X^2_{(N=54)}$=12.46，p<0.001，被试更愿意经历正性情感评定比较高的单独 1 高事件，这与前面情感评定的结果也是一致的。对复合事件 1 高 +1 低的呈现顺序（高在前“1 高 +1 低”和低在前“1 低 +1 高”）进行分析，被试对“1 高 +1 低”的选择（113，50.2%）与“1 低 +1 高”(112，49.8%）的选择没有显著差异，$X^2_{(N=54)}$=0.004，p=0.95，没有出现顺序效应。

本实验结果表明，生活事件情感强度有差异时，在不同类的生活事件条件下依然会出现平均效应，平均效应的出现不受事件呈现先后顺序的影响，与实验 2 结果相同。情感强度有差异的事件受时间发生特点的影响，当生活事件连续发生时，事件的出现顺序不同结果不同，表现为“1 高 +1 低”生活事件的情感强度低于“1 低 +1 高”事件的情感强度，符合峰 – 终定律的预测。而当复合条件下的事件发生没有明显的时间特点时（不连续发生）时，事件出现的先后顺序对情感强度没有明显影响，不受峰 – 终定律的制约，该结果与实验 2 的结果也一致。虽然本实验的结果没有发现在短时间内发生的情感强度有差异的事件会出现累加效应，但进一步确认了当不同类的有情感强度差异的生活事件在一起发生时，肯定会出现平均效应。同时本实验还发现了一个重要的现象：生活事件发生的时间特点是峰 – 终定律出现的主要特征，当事件的发生有明确的时间连续特点时，会出现平均效应，而这种平均效应符合峰 – 终定律。另外，事件出现的顺序不是峰 – 终定律的关键特征。

第四节 研究二讨论和结论

一、研究二讨论

生活事件对个体的情感反应和选择影响不同，主要是因为个体对不同特点或者设置的生活事件情境采用不同的方式进行加工。前人的研究中发现当一个情境中的生活事件间情感强度明显不同时，个体的反应可能会表现出平均效应或者累加效应，A/S 模型、峰－终定律认为会出现平均效应，而经济模型和行为研究认为会出现累加效应，本研究针对这种有情感差异的生活事件的情境进行了探讨，主要探讨一个情境中有差异的生活事件是如何加工的，研究中既探讨正性生活事件，也探讨负性生活事件。本研究主要采用比较典型的“1 高 +1 低”事件和“单独 1 高”事件进行了研究，该研究范式在 Seta（2008a，2008b）中采用过。我们认为生活事件的加工可能是一种多重加工，加工的结果可能会产生情感上的累加，也可能是平均，即对于不同特点的事件有不同的加工方式。

首先实验 1 根据前人的研究范式采用“1 高 +1 低”和“单独 1 高”的事件情境作为材料，考察个体的情感反应和选择。结果发现无论在正性还是负性的材料下，在情感反应和选择的指标上个体都表现出了平均效应的影响，而且没有发现顺序效应。说明实验 1 结果支持 A/S 模型中的平均模型，不支持峰－终定律，也不符合经济模型，这与前人（Seta，2008a，2008b）的研究结果相一致。考虑到个体对事件的加工会受到事件来源或者类别的影响，不一定都会在有强度差异的事件组合上出现平均效应，实验 2 考察了不同类别的生活事件对个体情感反应和选择的影响。结果发现无论在正性还是负性生活事件材料下，当事件是同类时，1 高 +1 低事件表现为累加效应；当事件为异类时，表现出平均效应。说明个体对情感强度不同的事件进行加工，受其来源影响，可能的原因是个体知觉到同类的事件因为来源相同放在了同一心理账户进行加工，两个事件在一起出现了叠加效应；而当事件不同类时，放在了不同的心理账户进行加工，个体对其知觉表现为寻找集中趋势，出现了平均效应。当然在心理账户的“得与失”的编码规则里没有明确设定“大小得失”的编码规则，心理账户目前存在的编码规则有：①两笔盈利应分开；②两笔损失应整合；③大得小失应整合，将大额度的获得与小额度的损失放在一起，可以冲淡损失带来的不快；④小得大失要具体分析，在小得大失悬殊时应分开，小得大失差异不大时可整合。实验 2 的结果也为我们试着探讨个体面对“大失小失”和“大得小得”时的编码规则打开了一个窗口，实验 2 的结果表明“大失（得）小失（得）”同类时会整合，异类时会分开。实验 2 的结果尝试用心理账户的理论进行了解释，丰富了心理账户可解释的范围。当然实验 2 的部分结果（同类时累加效应的结果）也可以用行为研究或者经济模型来解释，但是该模型不能解释平均效应为什么会出现，同样 A/S 模型的平均模型的解释具有一定的限制性——只能解释异类事件时出现的平均效应，实验结果也没发现可以用峰 - 终定律来解释的顺序效应。实验 3 进一步考察事件发生的时间对情感强度不同事件的加工是否有影响。为什么考察时间的影响，主要考虑到现实生活中的事件大多是有一定的时间发生特点的，像实验 1 和实验 2 的材料那样只能是一种实验设置，不具有真实性；另外一个原因考虑到峰 – 终定律非常强调事件的时间特点对个体的影响，所以时间这个特点作为影响事件的一个现实又必要的特点进行了考察。实验 3 结果表明，无论是连续发生还是不连续发生的事件，1 高 +1 低的加工都表现出了平均效应（因为采用的都是异类材料）。在对有时间特点（连续发生）的事件分析时发现了顺序效应，结果支持峰 – 终定律：1 高 +1 低的情感强度低于 1 低 +1 高的情感强度，符合峰终定律情感强度 =(Peak+End)/2 的假说。而在没有时间特点（不连续发生）的事件分析没有发现顺序效应。实验结果表明，在不同的时间条件下个体的反应会有所不同，也说明了时间特点是峰 – 终定律的关键特点。但是心理账户对于实验 3 的结果却不能进行很好的解释。

二、研究二小结

本研究的结果符合我们关于生活事件多重加工模型的预期：当生活事件情感强度有差异时，a. 如果这些事件属于异类，生活事件的加工会出现平均效应；如果属于同类，则会出现累加效应；b. 如果这些事件有明显的时间顺序，则表现出峰 – 终定律的特点；如果没有明显时间特点，则按照平均效应进行加工。

第五章　研究三：情感强度相似生活事件对情感和行为的影响

第一节　实验4　不同性质和组成的生活事件对个体的影响

一、研究目的

Seta（2008a，2008b）的研究表明，当个体面对多个相似情感强度的事件时，比单个相似情感强度的生活事件产生更强烈的情感反应，表现出累加效应。由此得出结论，当事件有相似的情感强度时，“负性事件越多越坏”、“正性事件越多越好”。本实验准备在中文条件下验证当生活事件情感强度相似时，是否会存在累加效应。

二、研究方法

（一）被试

以选修心理学课程的大学生为被试，103 人参加本实验。其中

52 人参加低情感强度条件的实验，男女各半；51 人参加高情感强度条件实验，其中男生 25 人，女生 26 人。

（二）实验材料

本研究中包括 4 个条件的材料：高正性情感强度的材料、高负性情感强度的材料、低正性情感强度的材料、低负性情感强度的材料，每个条件下的材料各 4 组。研究中所用的实验材料（见附录 6）举例如下：

低正性生活事件材料：

1 低：提前几分钟下课。

4 低：在路上捡到两块钱、在零售店得到一小块免费品尝的食物、穿新买的衣服、在收音机上听到了喜欢的歌。

低负性生活事件材料：

1 低：在最后一堂课上把食物弄到了衬衣上。

4 低：发现饮水机出现了故障、收音机里播放自己讨厌的音乐、自行车有毛病、丢了手套。

高正性生活事件材料：

1 高：综合测评名列前茅。

4 高：和一个久未谋面的老朋友一起吃饭、体育比赛中取得好成绩、买彩票中奖、送某人一个礼物对方很喜欢。

高负性生活事件材料：

1 高：被好友误会。

4 高：与一个重要人物吵架、考试成绩不理想、失恋、家庭内部有矛盾。

注：其中的任何一个事件都有可能作为单独和复合条件中的事

件。对不同性质的材料出现的顺序和每组材料中复合事件和单独事件出现的顺序进行了平衡。以上的实验材料在正式实验之前都要进行情感评定，以 −10 到 +10 进行等级计分，−10 表示非常负性，0 表示中性,+10 表示非常正性。低情感事件的评定得分在 ±3.0 左右，高情感事件的评定得分在 ±6.5 左右。

（三）实验设计

本实验采用 2（材料性质：正性 vs 负性）×2（事件强度：高 vs 低）×2（事件组成：复合事件 4 个 vs 单独事件 1 个）的混合设计，其中材料性质和事件组成为组内变量，事件强度为组间变量。因变量是被试的选择和情感评定得分。

（四）实验程序

实验程序同实验 1。

（五）数据处理

将获得数据输入 SPSS13.0 软件包进行统计分析。

三、结果与分析

记录被试对每组材料的情感评定得分和选择。实验结果见表 5.1 和表 5.2。

表5.1　低情感强度生活事件在不同性质和不同组成条件下的情感评定和选择

事件组成	1低		4 低	
	ER	SR	ER	SR
负性事件	43.52 ± 18.51	135（64.9%）	51.79 ± 21.70	73（35.1%）
正性事件	64.92 ± 18.47	59（28.4%）	74.94 ± 14.76	149（71.6%）

注：ER= 情感评定得分；SR= 反应选择（个数和百分比）。

表5.2　高情感强度生活事件在不同性质和不同组成条件下的情感评定和选择

事件组成	1高		4 高	
	ER	SR	ER	SR
负性事件	59.44 ± 20.26	148（72.5%）	69.12 ± 20.12	56（27.5%）
正性事件	76.04 ± 11.67	44（21.6%）	84.37 ± 9.91	160（78.4%）

注：ER= 情感评定得分；SR= 反应选择（个数和百分比）。

本研究主要关注的是当生活事件之间的情感强度相似时，不同情感强度（同高或同低）和不同性质的生活事件在 1 个和多个组合条件下，个体的情感反应和选择。因此，我们分别对不同情感强度的生活事件在不同条件下的情感反应和选择进行分析。

（一）低强度生活事件的情感评定和选择分析

对表 5.1 低强度生活事件的情感评定得分数据进行两因素重复测量的方差分析，结果表明：事件组成主效应显著，$F_{(1,\ 51)}=26.38$，$p<0.001$，4 低事件的情感评分高于 1 低事件。事件性质的主效应也显著，$F_{(1,\ 51)}=62.30$，$p<0.001$，正性事件的情感评定得分高于负性事件。事件组成与事件性质的交互作用不显著，$F_{(1,\ 51)}=0.44$，$p=0.51$。可以看出，无论是正性还是负性生活事件，4 低事件的情感评分都高于 1 低事件。由此可以说明，当生活事件之间的情感强度没有差异时，无论这些事件是正性的还是负性的，个体在加工时都倾向于寻找事件的累加趋势，出现了累加效应。

对表 5.1 不同条件下低情感强度生活事件的选择进行 2 × 2 的列联表分析，$X^2_{(N=52)}=55.79$，$p<0.001$，说明对不同性质的材料在不同组成条件下的选择是有差异的。进一步分析表明：对于负

性生活事件，被试选择愿意经历 1 低的选项超过了 4 低选项，结果是 135（64.9%）：73（35.1%），$X^2_{(N=52)}=18.48$，$p<0.001$，说明相比 4 个低负性事件而言，个体更愿意经历 1 个低负性事件，这与负性材料的情感评定的结果是一致的。对于正性生活事件，个体更愿意经历 4 低的选项超过了 1 低选项，结果是 149（71.6%）：59（28.4%），$X^2_{(N=52)}=38.94$，$p<0.001$，说明相比 1 个低正性事件，个体更愿意经历 4 个低正性生活事件，这与正性材料的情感评定的结果也是一致的。

（二）高强度生活事件的情感评定和选择分析

对表 5.2 高强度生活事件的情感评定得分数据进行两因素重复测量的方差分析，结果表明：事件组成主效应显著，$F_{(1,\ 50)}=52.11$，$p<0.001$，4 高事件的情感评分高于 1 高事件。事件性质的主效应也显著，$F_{(1,\ 50)}=35.75$，$p<0.001$，正性事件的情感评定得分高于负性事件。事件组成与事件性质的交互作用不显著，$F_{(1,\ 50)}=23.51$，$p=0.45$。说明无论是正性还是负性生活事件，4 高事件的情感评分都高于 1 高事件。由此可以推测，当高情感强度的生活事件在一起时，当它们的情感强度之间差异很小时，无论这些事件是正性的还是负性的，个体在加工时都倾向于寻找事件的累加趋势，表现出累加效应。

对表 5.2 不同条件下高情感强度生活事件的选择进行 2 × 2 的列联表分析，$X^2_{(N=51)}=106.4$，$p<0.001$，说明对不同性质的材料在不同组成条件下的选择是有差异的。进一步分析表明：对于负性生活事件，被试选择愿意经历 1 高的选项超过了 4 高选项，结果是 148（72.5%）：56（27.5%），$X^2_{(N=51)}=41.49$，$p<0.001$，说明相比 4 个高负性事件而言，个体更愿意经历 1 个高负性事件，这与负性材料的情感评定的结果是一致的。对于正性生活事件，个体更

愿意经历 4 高的选项超过了 1 高选项，结果是 160（78.4%）：44（21.6%），$X^2_{(N=51)}=65.96$，$p<0.001$，说明相比 1 个高正性事件，个体更愿意经历 4 个高正性生活事件，这与正性材料的情感评定的结果也是一致的。

本实验的结果表明，当生活事件的情感强度相似时，无论是高情感强度事件，还是低情感强度事件，这些事件会被累加起来进行反应，符合 A/S 模型中累加模型的假设，可能的原因是因为事件的平均值明显，个体将注意力集中在了事件的总量上。当然这个结果也符合行为研究和经济模型的假设："负性生活事件越多越糟糕"，"正性生活事件越多越好"。研究结果也同样不支持峰 - 终定律，因为按照峰 - 终定律中关于情感强度评价［（peak+end）/2］的公式，相似情感强度的几个生活事件和 1 个事件的情感评定应该是差不多的，没有明显差异。所以本实验发现峰 - 终定律不适用情感强度相似的事件。本研究所得出的累加效应的结论是一个相对稳定的结论，我们想进一步探讨个体对几个情感强度相似的事件的反应是不是受发生时间的影响，尤其是在不同的情感强度下，面对同样的生活事件是否都会出现心理账户的"分离收益"和"整合损失"的编码规则。

第二节　实验5　高情感强度生活事件的发生时间对个体的影响

实验 4 的结果表明，相似情感强度的生活事件在一起经常会表现出累加效应，本实验想进一步探讨个体对情感强度相似的生活事件的选择是否受发生时间的影响，因此在下面的研究中，被试的选择是重要的因变量。我们认为，生活事件在这种条件下的判断和选择受不同情感强度的影响，会表现出心理账户不同的运算规则。当生活事件的情感强度相似并且都为高情感强度事件时，在负性生活事件条件下，人们倾向于几个高生活事件同时发生比陆续发生要好；而在正性生活事件条件下，几个高生活事件陆续发生比同时发生好。表现出心理账户的分离收益和整合损失的编码规则，这与心理账户的原编码规则相同，该假设通过实验 5 进行考察。而当生活事件情感强度相似并且都为低情感强度事件时（收益和损失较低时），则会表现出个体偏好整合收益和分离损失。即在正性生活事件条件下，几个低情感强度生活事件同时发生比陆续发生好；而在负性生活事件条件下，几个低情感强度生活事件同时发生不如陆续发生好，该假设通过实验 6 来验证。

一、研究目的

探讨在生活事件的情感强度相似（高情感强度）时，生活事件发生的时间（同时发生和陆续发生）对个体的情感反应和选择的影响。

二、研究方法

（一）被试

以选修心理学课程的大学生为被试，56 人参加本实验，男女各半。

（二）实验材料

与实验 4 中复合条件下的材料相同，本研究中包括 2 个条件的材料：高正性情感强度的材料、高负性情感强度的材料，每个条件下的材料各 4 组。研究中所用的实验材料（见附录 7）举例如下：

高情感强度事件举例

正性事件：综合测评名列前茅、和一个久未谋面的老朋友一起吃饭、体育比赛中取得好成绩、买彩票中奖。

A：以上事件在一天内发生　　B：以上事件一个月内陆续发生

你愿意经历哪一个？请选择：A　　　B

情感评定得分：A______　　　B______

负性事件：与一个重要人物吵架、考试成绩不理想、失恋、家庭内部有矛盾。

A：以上事件在一天内发生　　B：以上事件一个月内陆续发生

你愿意经历哪一个？请选择：A　　　B

情感评定得分：A______　　　B______

注：其中 A、B 选项的顺序会平衡出现，有时是“一天内发生”在前，有时是“一个月内陆续发生”在前。本研究拟考察同时和陆续发生时间的影响，因为现实生活中 4 个事件的“同时发生”只能在短时间发生，这种短时间设定为“一天内”比较合适。每组 4 个材料出现的顺序也进行了平衡。另外，本实验选择 4 个事件作为多个生活事件的数量组合，经过了预实验的选择：让一批被试在 4 个事件、5 个事件、6 个事件中进行选择，在一天之中几个事件更可能发生，20 人中 80% 的人选择 4 个事件，说明采用 4 个事件比较符合

现实情况。

（三）实验设计

实验 5 采用 2（材料性质：正性 vs 负性）×2（发生时间：同时发生 vs 陆续发生）被试内设计。材料性质和发生时间为组内变量，因变量是被试的选择和情感评定得分。

（四）实验程序

与实验 4 基本相同，所不同的是把这 4 个事件都陈列出来，告诉被试这几个事件肯定都要发生在他身上，让他们选择是愿意在“一天内同时发生”还是在“一月内陆续发生”，并让被试评定“一天内发生”和“一月内陆续发生”的情感得分，按照“101”等级计分。

（五）数据处理

将获得数据输入 SPSS13.0 软件包进行统计分析。

三、结果与分析

记录被试对每组材料的情感评定得分和选择，实验结果见表 5.3。

表5.3　高情感强度生活事件在不同性质和发生时间条件下的情感评定和选择

事件发生时间	一天内发生		一月内陆续发生	
	ER	SR	ER	SR
负性事件	70.25 ± 24.53	127（56.7%）	60.80 ± 23.73	97（43.3%）
正性事件	78.36 ± 18.16	57（25.4%）	78.17 ± 17.63	167（74.6%）

注：ER= 情感评定得分；SR= 反应选择（个数和百分比）。

本研究主要关注的是当生活事件之间的情感强度相似（高强度

生活事件）时，不同性质的多个生活事件在不同发生时间条件下，个体的情感反应和选择。因此，分别对不同条件下的情感反应和选择进行分析。

对表 5.3 高强度生活事件的情感评定得分数据进行两因素重复测量的方差分析，结果表明：事件发生时间的主效应边缘显著，$F_{(1,\ 55)}=3.58$，$p=0.06$，4 个事件在一天内发生的情感评定得分高于在一月内发生。事件性质的主效应也显著，$F_{(1,\ 55)}=27.65$，$p<0.001$，正性事件的情感评定得分高于负性事件。事件发生时间与事件性质的交互作用显著，$F_{(1,\ 55)}=9.25$，$p<0.01$。简单效应分析表明，在负性生活事件条件下，4 个负性生活事件在一天之中发生的情感评定得分显著高于在一月内陆续发生的情感评分，$t_{(55)}=2.76$，$p<0.01$。在正性生活事件条件下，4 个正性生活事件在一天之内发生的情感评定得分与在一月内陆续发生的情感评分没有显著差异，$t_{(55)}=0.08$，$p=0.94$。说明对正性生活事件个体感受到的情感反应受发生时间的影响较小。

对表 5.3 高情感强度生活事件的选择进行 2×2 的列联表分析，$X^2_{(N=56)}=45.19$，$p<0.001$，说明对不同性质的材料在不同发生时间条件下的选择是有差异的。进一步分析表明：对于负性生活事件，被试愿意 4 个高负性事件在“一天内发生”的选择超过了“在一月内陆续发生”的选项，结果是 127（56.7%）：97（43.3%），$X^2_{(N=56)}=4.02$，$p<0.05$，说明虽然 4 个高负性事件在一天内发生的负性情感显著高于在“一月内陆续发生”产生的负性情感，但是个体仍然愿意这些事件在一天内（较短）的时间发生，符合心理账户“得与失”法则中“整合损失”的编码规则，即个体面对损失（负性事件）时，倾向

于希望损失在一起发生，而不是断断续续，那样“不好的都发生完了，剩下的就都是好的了”。对于正性生活事件，被试愿意 4 个高正性事件在“在一天内发生”的选择低于“一月内陆续发生”的选项，结果是 57（25.4%）: 167（74.6%），$X^2_{(N=56)}$=54.02，p<0.001，说明虽然 4 个高正性事件在一天内发生的正性情感与在“一月内陆续发生”产生的正性情感没有显著差异，但在选择时个体倾向于这些事件陆续发生（一个月内），同样支持心理账户“分离收益”的编码规则，即面对获得（正性事件）时，个体倾向于获得陆续发生。

本实验表明，高情感强度的生活事件在“一天内发生”和“一个月内陆续发生”，虽然个体体验到的情感强度在短时间内更强（负性事件）或无差异（正性事件），但是在选择时，个体表现为“分离收益”和“整合损失”。说明个体仍然按照“享乐主义假说”的规律，即人们的心理运算过程并不是追求理性认知上的效用最大化，而是追求情感上的满意最大化，所以推动人们是分离还是整合事件依赖于哪种账户会产生最具有吸引力的结果。

第三节　实验6　低情感强度生活事件的发生时间对个体的影响

一、研究目的

探讨在生活事件的情感强度相似（低情感强度）时，生活事件发生的时间（同时发生和陆续发生）对个体的情感反应和选择的影响。

二、研究方法

（一）被试

以选修心理学课程的大学生为被试，56 人参加本实验，男女各半。

（二）实验材料

与实验 4 中复合条件下的材料相同，同样本研究中包括 2 个条件的材料：低正性情感强度的材料、低负性情感强度的材料，每个条件下的材料各 4 组。研究中所用的实验材料（见附录 8）举例如下：

低情感强度事件举例：

正性事件：最后一节课早下课几分钟、在零售店免费品尝一小块食物、穿新买的衣服、在路上捡到两块钱。

A：以上事件在一天内发生　　B：以上事件一个月内陆续发生

你愿意经历哪一个？请选择：A　　　　B

情感评定得分：A______　　　B______

负性事件：收音机里播放自己不喜欢的音乐、走路绊了一跤、上课迟到了几分钟、发现饮水机出现了故障。

A：以上事件在一天内发生　　B：以上事件一个月内陆续发生

你愿意经历哪一个？请选择：A　　　　B

情感评定得分：A______　　　B______

注：其中 A、B 选项的顺序会平衡出现，有时是“一天内发生”在前，有时是“一个月内陆续发生”在前。每组 4 个材料出现的顺序也进行了平衡。

（三）实验设计

实验 6 采用 2（材料性质：正性 vs 负性）×2（发生时间：同时

发生 vs 陆续发生）被试内设计。材料性质和发生时间为组内变量，因变量是被试的选择和情感评定得分。

（四）实验程序

与实验 5 相同，所不同的是这 4 个事件都是低情感强度的事件。

（五）数据处理

将获得数据输入 SPSS13.0 软件包进行统计分析。

三、结果与分析

记录被试对每组材料的情感评定得分和选择，实验结果见表 5.4：

表5.4　低情感强度生活事件在不同性质和发生时间条件下的情感评定和选择

事件发生时间	一天内发生		一月内陆续发生	
	ER	SR	ER	SR
负性事件	50.61±23.15	85（37.9%）	45.48±24.47	139（62.1%）
正性事件	65.87±19.67	93（41.5%）	59.81±21.11	131（58.5%）

注：ER= 情感评定得分；SR= 反应选择（个数和百分比）。

本研究主要关注的是当生活事件之间的情感强度相似（都为低情感强度）时，不同性质的多个生活事件在不同发生时间条件下，个体的情感反应和选择。因此，我们分别对不同条件下的情感反应和选择进行分析。

对表 5.4 低强度生活事件的情感评定得分数据进行两因素重复测量的方差分析，结果表明：事件发生时间的主效应显著，$F_{(1,\ 55)}=4.85$，$p<0.05$，4 个事件在“一天内发生”的情感评定得分高于“在一

月内发生”的得分。事件性质的主效应也显著，$F_{(1,\ 55)}$=25.46，p<0.001，正性事件的情感评定得分高于负性事件。事件发生时间与事件性质的交互作用不显著，$F_{(1,\ 55)}$=0.06，p=0.81。说明无论在负性生活事件，还是在正性生活事件条件下，4 个低情感强度生活事件“在一天之内发生”的情感评定得分显著高于“在一月内陆续发生”的情感评分。

对表 5.4 不同条件下低情感强度生活事件的选择进行 2×2 的列联表分析，$X^2_{(N=56)}$=0.59，p=0.49，说明对不同性质的材料在不同组成条件下的选择是没有差异的。我们想要知道在不同性质条件下，个体的选择是否有差异，因此进一步分析表明，在负性生活事件条件下，被试愿意 4 个低情感强度负性事件在“一月内陆续发生”的选择超过了“在一天内发生”的选项，结果是 139（62.1%）:85（37.9%），$X^2_{(N=56)}$=13.02，p<0.001，说明被试倾向于低情感强度负性生活事件在相对长的时间内陆续发生，表现出“分离损失”的编码规则。对于正性生活事件，被试愿意 4 个低情感强度正性事件在“在一月内发生”的选择也显著高于“一天内发生”的选项，结果是 131（58.5%）：93（41.5%），$X^2_{(N=56)}$=6.45，p<0.05，在选择时个体倾向于 4 个低情感强度正性事件在长时间内陆续发生，依然表现出“分离收益”的编码规则，即面对低获得（正性事件）时，个体倾向于“获得”长时间内陆续发生。

本实验表明，低情感强度的生活事件在“一天内发生”和“一个月内陆续发生”，虽然个体体验到的情感强度在短时间内更强，但是在选择时，个体表现为“分离收益”和“分离损失”的编码规则，这与高情感强度事件选择时的编码规则是有所不同的。可能的原因是被试认为 4 个低情感强度负性生活事件分散在一月内发生，对自己的影响最小，让自己的感受也最舒服；而 4 个低正性生活事件“在一月内陆续发生”，每隔几天就有一个小的愉快的事情发生，虽然愉悦程度比较小，有小小的期待总比一次发生完了感觉更可取。该结果符合“享乐主义假说”的规律，即人们的心理运算过程并不是追求理性认知上的效用最大化，而是追求情感上的满意最大化，所以推动人们是分离还是整合事件依赖于哪种账户会产生最具有吸引力的结果（李爱梅，凌文辁，2007）。

实验 5 和实验 6 结果表明，个体对相似生活事件的选择受事件的情感强度的制约。当个体面对的几个生活事件的情感强度较高时，符合心理账户“分离收益”“整合损失”的编码规则；当面对的生活事件的情感强度较低时，表现出“分离收益”“分离损失”的编码规则。本研究考察了心理账户在生活事件研究中的适用性，并拓展了心理账户的编码规则，发现采用不同的编码规则受“得与失的强度”这一因素的影响。

第四节　研究三讨论和结论

一、研究三讨论

研究三通过两个实验考察了生活事件情感强度相似时个体的情感反应和选择。实验 4 的结果表明，当相似的生活事件在一起时，不论是高情感事件还是低情感事件，都会表现出累加效应。与前人研究中“正性生活事件越多越好”、“负性生活事件越多越糟糕”的结果相一致，同时也验证了 A/S 模型的累加效应在相似情感条件下出现的假说，与行为研究和经济模型的说法也相一致。接着我们通过实验 5 和实验 6 考察了高情感强度和低情感强度的相似生活事件在不同时间下的反应。实验 5 和实验 6 结果表明，从情感评定结果进行考察，发现无论生活事件的性质如何（正或负），同时发生的生活事件的情感强度都要高于陆续发生的情感强度。说明了事件发生的时间因素对个体的情感强度产生的是累加的影响，但是随着时间的延长，这种影响会下降。而以个体的选择作为因变量考察时，却发现个体的选择与情感强度的评定得分不一致，不同性质的材料在不同情感强度下有不同的表现，在实验 5 中，以高情感生活事件为材料，发现了被试倾向于 4 个高负性生活事件同时发生，而 4 个高正性事件在长时间内陆续发生，表现出了“分离收益”和“整合损失”的心理账户的编码规则。在实验 6 中，却得出不一致的结论，被试倾向于 4 个低负性生活事件和 4 个低正性生活事件都是陆续发生，表现出了“分离收益”和“分离损失”的编码规则。关于“分离收益”的编码规则在高情感强度和低情感强度事件中都得出了一致的结论，而关于负性生活事件的编码规则在高低情感强度的生活事件却不相同，这个结果与心理账户中关于“得与失”的编码规则也是不同的。可能的原因是在前人的研究中，没有考虑到负性刺激强度的差异，当负性刺激强度较大时个体的选择和负性刺激强度较小时是不同的。本研究证明了这一点。这个研究结论也为我们探究心理账户的编码规则提供了一个新的视角。根据前景理论关于值函数的描述，损失和获得的效用函数是敏感递减的，所以同时发生的情感强度高于陆续发生的情感强度。为了回避损失，人们总是认为现在损失比以后损失让人痛苦，也就是说，人们认为不能简单地将损失合在一起发生，而是应该把它们分开，因此人们总是倾向于将令人厌恶的损失无限期延后。而当损失非常大的时候，迫不得已时人们才把损失放在一起面对。所以我们得出这样一个结论：人们总是希望不断得到一些收益（这些收益可大可小），而在面对损失的时候，人们总是尽量避免，实在不行才会把损失整合在一起面对。由此也可以看出，在不同情感强度的情况下，对高负性生活事件，人们希望它合在一起发生；对低负性生活事件，人们希望它慢慢发生。虽然有不同的行为选择，但该结论更让我们意识到人们对于负性生活事件的厌恶。

二、研究三小结

本研究的结果符合关于生活事件多重加工模型的预期：当生活事件之间的情感强度没有差异时，多个事件在一起加工会出现累加效应，a. 当事件同时发生时，产生的情感强度高于陆续发生，表现出累加效应；b. 高情感强度的多个事件在不同时间发生时，受心理账户编码规则的影响，个体选择可能会表现出不同的偏好：负性事件同时发生好于陆续发生（整合损失），正性事件陆续发生好于同时发生（分离收益）；c. 低情感强度的多个事件在不同时间发生时，低情感强度负性事件陆续发生好于同时发生（分离损失），低情感强度正性事件陆续发生好于同时发生（分离收益），该研究结果拓展了心理账户的编码规则。

第六章　综合讨论与结论

第一节　综合讨论

本研究首先回顾了生活事件研究的发展缘起及其概况，然后对生活事件的相关研究概括为三个方面进行了述评。接着，以该研究领域中的生活事件对个体的情感反应和选择研究为切入点，综述了该研究热点中生活事件影响个体反应的相关理论及研究，详细分析了各理论的主要共识和不同，并在现有研究的基础上，提出了生活事件的多重加工模型的解释。最后，通过三个研究，共包括 2 个方面的调查和 6 个分实验，详细探讨了生活事件对个体情感反应和选择产生影响的因素，以及不同特点的生活事件是如何进行加工进而影响个体反应的。在前面的实证研究部分，我们已经对每一个调查和实验的结果进行了初步的分析和讨论，下面结合本研究的一些重要结果和相关问题进行深入的分析和讨论。

一、当前大学生生活事件的类型和特点

研究一采取事实驱动的研究取向，综合采用质性和量化相结合的研究方法，对当前大学生实际经历的生活事件进行了调查分析。

大学生实际经历的生活事件从性质上可以分为正性生活事件和负性生活事件两大类。

对负性生活事件的调查发现，当前大学生所经历的负性生活事件可以归结为人际关系、考试、生活适应、学业前途、异性交往、自我实现和亲友支持七大类型，其中人际关系和考试是当代大学生负性生活事件的两大主要类型和来源。在具体生活事件上，发生频率占据前两位的分别是人际交往困扰和考试失利，其发生总频率超过了 40%。无论从负性生活事件的类型来看，还是从具体发生的负性生活事件来看，人际交往和学业问题都是影响大学生的两大生活事件来源。

对正性生活事件的调查发现，当前大学生所经历的正性生活事件可以归结为亲友支持、人际交往、生活安逸、休闲娱乐、学业成就、意外事件、自我实现和活动比赛八大类型。其中，人际交往和学业成就方面的正性生活事件发生最为频繁，二者合计发生的频率占所有正性生活事件的 40% 左右，这是当代大学生所经历的最主要的正性生活事件类型。从发生的具体的正性生活事件来看，娱乐、游玩、生活舒适、结交朋友、参加活动和学习是发生频率位于前 6 位的正性生活事件，这 6 种正性生活事件可以进一步归结到休闲娱乐、人际交往和学业成就三大类型中。

对当前大学生所经历的正性和负性生活事件进行比较可以发现，尽管二者的类型多种多样，但从其主要来源看，人际交往和学业是最重要的生活事件来源。该结果与近期的已有相关研究的结果相吻合。如林小群等在 2012 年的调查结果也表明，学习压力、人际关系事件是困扰当前大学生的主要问题。杨广业等（2012）的研究也发现，在众多生活事件中人际关系是个体最重要的压力源。多个研究结果相互验证，进一步证明了本研究结果的可靠性。相对于负性生活事件，关于正性生活事件的研究相对较少，相关的研究成果寥寥无几。出现这种状况的原因，与心理学的研究取向不无关系。传统心理学关注的是人的心理问题，以解决问题为中心，研究问题的产生、发展，探索预防、矫正的方法，心理学成为“治问题的”消极心理学。与传统心理学的消极研究取向不同，20世纪末西方心理学界兴起的积极心理学（positive psychology）思潮，则主张研究能够给个体带来幸福和愉悦的事件，从而挖掘人固有的潜在的具有建设性的力量，促进个人和社会的发展。与传统心理学的消极取向相比，积极心理学的积极取向把研究的重点放在培养人固有的积极潜力上，通过培养和扩大人固有的积极力量而使人真正成为一个健康并生活幸福的人。因此，积极心理学的理念和取向对于人的健康心理和完善人格的塑造具有更大的价值。本研究关于正性生活事件的调查结果，不仅发现了人际交往和学业成就对于大学生身心发展的积极价值，而且还发现了娱乐和游玩同样对大学生具有重要的积极影响，是大学生最主要的正性生活事件来源。该结果对于当前大学生的教育具有重要的启示，它启示教育工作者不能只片面地看到和强调娱乐、游玩等对大学生学习、思想价值观念等的冲击和负面影响，还应该看到其对大学生缓解压力、维持身心健康等的积极作用。

二、个体对生活事件的反应：有限理性 VS 绝对理性

研究二和三通过实验检验了个体对生活事件的反应是绝对理性

的还是有限理性的问题。研究二发现当生活事件之间的情感强度有差异时，个体对生活事件的加工可能是累加的，也可能是平均的，有时还要受事件发生时间的影响，并没有表现出“正性事件越多越好”、“负性生活事件越多越糟糕”的绝对理性的特点。研究二中个体的情感反应与选择基本是一致的。研究三发现当生活事件情感强度相似时，个体对生活事件的反应表现出累加的特点，符合绝对理性的表现，但是当这些事件在不同的时间发生时，个体的选择表现出与情感反应不一致的特点，并不是“正性情感越高越倾向”、“负性情感越高越逃避”，而是根据“享乐主义假说”的规律，人们的心理运算的过程并不是追求理性认知上的效用最大化，而是追求感受上的满意最大化。研究三的结果在情感评定和选择结果上的不一致也说明了个体面对生活事件的反应不是“绝对理性”的，而是“有限理性”的。

所以，关于这个问题，我们得出结论：个体对生活事件的反应有时是“理性”的，有时是“感性”的，受不同生活事件综合特点（数量、情感强度、事件组成、类别、发生时间等）的制约，表现出“有限理性”的特点。

三、生活事件的加工过程：动态化

我们的研究抓住了日常生活中的常见的情境：个体要在两个不同数量和不同含义的选项中进行选择，得出了在不同条件下反应不同的结论。然而，如果结果或者刺激具有相同的度量或者能够轻易地转换为相同的度量（如，金钱），被试更可能会关注资源的累积效应。当面对没有绝对度量而只有相对度量的生活事件的刺激时，我们发现了对这种刺激的加工特点：个体对生活事件加工的实质就是根据生活事件的不同特点进行动态加工的过程，生活事件的特点不同，进行的加工也不同，表现在情感强度和行为选择上也不一样。

当生活事件的情感强度不同时，实验 1 和实验 2 的结果表明，如果事件是异类事件，个体会将它们放在不同的心理账户，自动寻找它们的平均趋势；而如果事件是同类时，事件放置在同一个心理账户，自动地累加在一起。A/S 模型只能解释异类情况下的平均效应的出现，不能解释事件同类时的累加效应，因为 A/S 模型认为生活事件之间有差异就会出现平均效应，而没有考虑到类别的影响。同时实验 3 又进一步发现了不同情感强度事件发生的时间不同，对情感强度的感受不同，结果符合峰 – 终定律的预期，说明事件发生的时间也是影响生活事件加工的一个重要因素。

实验 4 发现当生活事件的情感强度相似时，多个事件在一起出现了累加效应。符合 A/S 模型关于累加效应出现的条件和预期，可能的解释是因为事件的平均趋势明显，个体会把注意力集中在总量结果的加工上。同时实验 5 和实验 6 进一步发现了多个事件在一起时的时间特点对个体情感强度和选择的影响。虽然短时间内同时发生个体对多个事件的情感强度高于长时间陆续发生条件下，但是人们的选择却根据事件情感强度各有不同，表现出高情感强度生活事件“分离收益”和“整合损失”的编码规则，在低情感强度事件时，表现出“分离收益”和“分离损失”的编码规则。

四、生活事件的多重加工模型

本研究通过系列实验考察了生活事件相关的理论：行为 / 经济

模型、A/S 模型、峰－终定律和心理账户对不同生活事件条件的适用性。结果发现已有的任何一个理论都不能够解释本研究的结果。因此我们提出了生活事件的多重加工模型，即认为生活事件的加工其实是一个判别加工的过程，以往的任何一个理论都有其限制性，只能在某些条件下适用。但总体来说，我们认为，多个生活事件在不同条件下的情感反应表现出个体对生活事件的加工要么是累加，要么是平均的一种过程，而个体的情感反应和最终选择不一定是一致的。因为生活事件的加工模型是一个推崇个体是“有限理性”的模型。这个模型同样是以“有限理性”的代表理论——前景理论为前提，认可前景理论关于“损失”与“获得”的值函数理论和权重函数理论。

本研究通过实验发现了生活事件多重加工的多个判别规则：①当生活事件情感强度有差异时，这些事件属于异类事件出现平均效应；这些事件属于同类时出现累加效应；如果这些事件有明显的时间顺序，则表现出峰－终定律的特点。②当生活事件之间的情感强度没有差异时，多个事件在一起加工会出现累加效应；事件在短时间内同时发生时，产生的情感强度高于长时间陆续发生，表现出累加效应；在不同事件的反应选择上受心理账户编码的影响，个体选择表现出不同的偏好：高情感强度时表现出“整合损失”（负性事件同时发生好于陆续发生）和“分离收益”（正性事件陆续发生好于同时发生）；低情感强度的事件与高情感强度的事件在时间特点上的反应不同。

五、对其他几种解释适用性的分析

排除一：经济模型。

根据经济模型，要么“正性生活事件越多越好”，要么“负性生活事件越多越不好”。在我们的研究中发现，无论在正性生活事件还是在负性生活事件中，当面对“1 高 +1 低”情境的生活事件时，都表现出了平均效应。当然经济模型可以通过“折扣实用模型”来推翻平均效应（董志勇，2006）。在折扣实用模型中，假设我们采用的低正性事件不是正性的，而是被个体知觉为负性的。如果这样，不是增加一个正性刺激到高正性事件中，而是增加了一个负性刺激，因此，会降低正性程度。对于负性生活事件亦然，如果增加的低负性事件被知觉为正性，其实也是说明出现了累加效应而不是平均效应。如果按照这种假设，实验 4 中 4 个低负（正）性生活事件在一起应该比 1 个低负（正）性生活事件感受到的情感强度更低（4 个低情感事件的情感强度更打了折扣），而实验结果是 4 低事件比 1 低事件增加了情感强度。因此，经济模型无法同时解释当事件的情感强度不同和相似时的反应。

排除二：顺序效应的解释——峰 – 终定律。

峰 – 终定律认为，在正性事件条件下，当“1 高 +1 低”条件下，并且 1 低在最后发生时，被试更倾向于选择只有 1 高的情况。在负性生活事件条件下，当“1 高 +1 低”条件下，并且 1 低在最后发生时，相比单独 1 高情况，被试更倾向于选择经历“1 高 +1 低”，符合最终的情感体验 =（Peak+End）/2 公式；当“1 高 +1 低”条件下，1 低在 1 高前面发生时，那结果应该和 1 低在最后发生的结果不同。本研究在实验 1、实验 2 和 3 中都发现了无论在“1 高 +1 低”低在最后情境下，还是在“1 低 +1 高”低在前情境下，都发现了“1 高 +1 低”<1 高，“1 低 +1 高”<1 高。没有出现峰 – 终定律预测的顺序效应。

当然在实验 3 发现了峰 – 终定律在有连续时间发生的特点的条

件下出现了顺序效应，并且与它的假设相同。而在没有连续时间特点的“1 高 +1 低”事件中没有发现顺序效应。因此峰 – 终定律不能解释所有的情况，只能解释生活事件之间有差异时，并且这些生活事件的发生有连续的时间特点时的情况。

排除三：平均 / 累加模型。

平均 / 累加模型认为，当两个生活事件在情感强度水平上相对有差异时（例如，1 高负性事件和 1 低负性事件），这些事件结合在一起产生的影响比单独 1 高负性事件产生的影响小，发生平均效应的可能性大于累加效应，原因是增加一个低负性事件大大降低了代表这个情境的平均效价，并且在负性后果的总量上有很小的增加。然而，当 1 低负性事件加入到相似的 1 低负性事件中，增加了负性后果的总量，但是对平均效价只有微弱的影响，发生累加效应的可能性大于平均效应。可是我们在研究二生活事件情感强度有差异时，个体对生活事件的情感反应和选择发现：并不是“1 高 +1 低”时肯定会出现平均效应，而是受事件的类型或者来源等因素的影响，实验 3 结果发现，无论在正性还是负性条件下，当生活事件同类时，1 高 +1 低 >1 高的情感强度，在选择上有同样的反应。这个结果是 A/S 模型无法解释的。在研究三实验 5 和实验 6 的研究中，虽然发现了 4 个生活事件 >1 个生活事件的累加效应，A/S 模型却无法解释个体选择偏好与情感强度评分的不一致。

排除四：心理账户。

期望理论（prospect theory）最初的构想是处理一个单个整体的结果。后来，Kahneman 等人用期望理论和心理账户解释多个事件。他们认为多个事件的效价主要依赖于这些事件是属于同一心理账户还是属于不同的心理账户。例如，如果属于同一心理账户，这些事件在被主观评价之前已经通过期望理论的效价功能在数学上整合在一起了。Thalor 等人提出了享乐主义加工的假说（hedonic editing hypothesis），这个假说认为推动人们是分离还是整合事件依赖于哪种账户会产生最具有吸引力的结果。用这个方法，他们证明即使事件有相同的数学效价，个体会选择两个（如得到 25 元和 50 元），而不是一个（75 元）。为了试图理解个体对多个事件的反应，心理账户理论参与到本研究中。然而，心理账户认为如果面对得失，个体会“分离收益、整合损失”。本研究中实验 5 和 6 的研究发现，关于得失的编码规则还要受生活事件情感高低的影响，表现出面对高强度生活事件时，个体表现出“分离收益、整合损失”，而当面对低情感强度生活事件时，个体表现出“分离收益、分离损失”。另外，在实验 1 中，按照心理账户的解释，当个体面对 2 个正性生活事件（1 高 +1 低）时，个体应该优先选择 2 个事件在一起的情境，而不是 1 高单独生活事件。当前研究表明，心理账户也是有条件地解释个体对生活事件的反应和选择。

第二节　本研究的贡献与不足

本研究在详细分析生活事件影响个体情感反应和选择相关理论及研究的基础上，提出了我们的主要目的和基本设想，然后通过实证研究对这些设想一一进行了检验，并对结果进行了深入分析。从总体上看，本研究在理论建构、研究方法和研究结果等方面对生活事件研究都具有一定的贡献，但是，限于研究者的研究水平，本研究还存在着一些不足。

一、本研究的主要贡献

概括来说，本研究的贡献大体有以下几个方面：

第一，研究范式和研究方法上的使用。本研究以实验范式探讨生活事件对个体的影响，特别是生活事件的不同特点对个体的情感和选择的影响，目前国内外的研究中采用实验法的并不太多见。另外，本研究的研究方法既有调查方法又有实验法，即采用了质性分析，又采用了量化的统计分析，研究方法相对完整和全面。

第二，研究结论上的贡献。研究一系统调查了当前大学生所实际经历的生活事件，从较为全面的视角对影响大学生的生活事件进行了考察。研究二较为系统地探讨了当生活事件情感强度有差异时，影响个体情感反应和选择的因素。验证了 A/S 模型，并探讨了时间、类型等因素的影响作用，得出与 A/S 模型不同的研究结论：即使在生活事件的情感强度有差异时，并不一定都会出现平均效应，而是受生活事件类型的影响，同时用心理账户理论解释了 A/S 模型不能解释的情况；同时，通过平衡顺序，发现顺序效应不会对生活事件的加工产生影响，而发生时间对生活事件的加工存在影响，并发现了峰 – 终定律只能适用于有时间特点的生活事件的材料。研究三探讨了当生活事件情感强度无差异时，影响个体情感反应和选择的时间因素。提出了当生活事件的情感强度较高时，个体表现为分离收益和整合损失的编码规则，而当生活事件的情感强度较低时，个体表现出不同的编码规则。扩展了心理账户对不同情感强度生活事件的反应选择的解释。

第三，理论构建上的贡献。本研究发现现有理论不能全面解释生活事件对个体的影响，于是在现有理论和研究的基础上，我们提出了“生活事件的多重加工模型”，认为对于不同特点的生活事件，个体的加工机制不同。然后通过一系列的实验，详细探讨了生活事件在不同条件下的加工机制，获得了一些独特的发现，并做出了合理的解释。所有这些研究结果，进一步揭示了生活事件加工的特点和规律，丰富和完善了生活事件影响个体反应的理论，特别是为生活事件研究的理论建构增添了新的内容。

第四，对实际生活的贡献。虽然本研究主要着重于研究影响因素和相关机制，但是同样对现实生活有一定的指导意义。首先研究的选题就是来源于生活，生活事件对于我们的影响很大，但是在不同的情况下对个体的影响不同，通过揭示其如何影响的内在机理，有助于我们更好地预测个体在不同的生活事件条件下的情感反应和行为选择，可以帮助我们更好地疏导和控制个体的心理及行为。

二、本研究的不足与展望

第一，研究操作上的不足。本研究用的是纸笔测验，虽然是在实验室统一施测，但不是在计算机上进行操作，所以必然存在实验控制不够严密等问题。另外，实验材料虽然进行了评定，但因有个别事件对于个体的意义有很大差异，有些条件不好控制，可能出现对被试控制上不够充分等不足，因此实验操作有待今后进一步精细化、严密化。

第二，研究内容上的不足。本研究主要探讨了同性质的实验材料在一起时对个体的影响，没有考察不同性质不同特点的事件在一起的影响。另外，本研究所采用的生活事件主要局限在 1 高 +1 低 VS 1 高的情况、4 低（高）VS 1 低（高）的情况，对于事件各种不同数量的组合操作还比较单一，在以后的研究中可以多考虑多种数量组合的影响。

第三，生活事件的多重加工模型还可以进一步扩展。本研究只是考察了生活事件的性质、情感强度、发生时间、类别等特点对个体的影响，关于生活事件还有一些其他相对重要的特点会对这个模型有所贡献，比如“事件是否具有预期性”、“事件是否已经发生过”等还需要进一步研究，也会进一步丰富此模型。而且本研究主要着重于事件自身相关的特点，个体相关的特点（如人格特点、应对方式等）是否会产生不同的影响，也需要进一步探讨。

第三节　主要结论

本研究通过三个大研究，包括八个子研究组成的系列研究，研究得出的主要结论如下：

首先，当前大学生的生活事件各有不同，可以分为不同的类别。正性生活事件大体可以归结为八个方面，按发生频率从大到小顺序依次为人际交往、学业成就、休闲娱乐、自我实现、生活安逸、活动比赛、意外事件、亲友支持。当代大学生所经历的负性生活事件大体上可以归结为七大类型。按发生频率看，从高到低依次为人际关系、考试、生活适应、学业前途、异性交往、自我实现和亲友支持。

其次，当生活事件之间情感强度有差异时，无论在正性还是负性生活事件中，均发现在不同特点的生活事件条件下，个体的加工特点不同，表现在对个体情感反应和选择上的不同。当生活事件的类别不同时，对于情感强度不同的生活事件的加工不同：当事件为同类时，表现为累加效应；当事件为异类时，表现为平均效应。当生活事件发生的时间不同时，对生活事件的加工也不同：当事件有明显的时间序列时，表现为平均效应，符合峰 - 终定律的平均规则。该研究结论支持了生活事件对不同情感强度事件加工时的多重加工模型，个体对生活事件的加工可能有平均，也可能有累加，根据其生活事件的特点不同而不同。

再次，当生活事件情感强度相似时，无论在正性还是负性生活事件中，均发现了个体对该类材料情感评定时的累加效应。这种累加效应受事件的数量和发生时间久暂的影响：数量越多，累加效应越明显，时间越短，同样数量的事件感受的强度越大。同时发现了个体对于高低情感强度不同的生活事件的选择偏好：当生活事件情感强度较高时，个体表现出“分离收益——正性生活事件分离发生”、“整合损失——负性生活事件整合发生”；当生活事件情感强度较低时，个体表现出“分离收益——正性生活事件分离发生”、“分离损失——负性生活事件分离发生”。表明当个体面对同等得失时，个体的选择偏好受事件情感强度的影响。该研究结论也符合我们关于生活事件相似时的多重加工模型，个体在生活事件相似时，个体的情感强度会累加，但是在选择时受心理账户的影响，表现会有所不同。

第七章　教育启示及建议

第一节　高校学生成长中的心理问题和应对方法

个体的一生发展，在每个阶段都需要应付新的要求，人的成长和发展也离不开生活事件。无论是正性生活事件还是负性生活事件，对于人们来说都是外在压力源。当生活事件的数量、强度在个体的承受范围之内，对个体来说是良性压力（eustress），适度的压力能够提高个体的警觉水平，动员机体内部的潜能，应付各种变化的情境和事件的挑战。而当生活事件过于强烈和持续事件过长，超过了个体的承受力，就会形成不良压力（distress）。不良的压力会扰乱心理活动和生理功能，损害身心健康，造成生理或心理问题。如何避免由生活事件导致的心理问题的产生和化解，根据大学生成长过程中遇到的生活事件的类型和对不同生活事件的反应特点，有针对性地了解和预防就显得非常必要。

下面，我们将从大学生常见的心理问题入手，分析其可能与生活事件相关的原因，介绍大学生对生活事件应对方式的特点和大学生常用的心理援助方式，以期帮助他们在遇到生活事件时，预防心理问题的产生，及时进行自我心理问题的疏导和调整。

一、成长中常见的心理问题

大学阶段是学生成长的关键时期，也是人生多事之秋。大学生思想活跃，求知欲旺盛，热情奔放，但情绪容易波动，易受挫折，对事物的复杂性认识不足，容易偏激，特别是随着高等教育进入大众化阶段，大学生群体的规模、素质、结构及其社会地位发生了深刻的变化，交费上学、自主择业，家庭贫富差距等现状，使得当代大学生心理问题更加突出。主要心理问题有：

（一）学习压力所引发的心理问题

踏入大学校门的学生都曾是中学时代的佼佼者，进入大学后，大部分学生都不甘落后，努力在新的环境中找到自己的位置。但是，在实际的学习中，有的学生发现以前的学习方法不能适应大学的学习，有的学生总是担心自己所学的内容将来是否有用，有的学生很想努力学习却缺乏自控能力，有的学生不能正确处理好学习与学生工作之间的关系，以上种种都可能引发学生的心理问题。

（二）人际关系所引发的心理问题

人际关系和谐是心理健康的一个重要标志，良好的人际关系是心理健康的润滑剂。大学生能否在学校里和老师、同学建立起和谐的人际关系，对他们心理的健康发展有着极为深远的影响。在大学阶段，个体独立地步入了准社会的交际圈，大学生们尝试人际交往并试图发展这方面的能力，为将来进入社会做准备。在这一过程中，一些学生会遭受挫折，或表现为自我否定而陷入苦闷和焦虑，或企图对抗而陷入困境，从而导致人际关系紧张。

（三）情感困扰所引发的心理问题

进入高校后，学生的生活环境较以前有了很大的改变，多数人远离父母，且大学生均处于青春期，因此恋爱是大学生们永恒的热门话题，“爱情”的萌生也是大学生逐步走向成熟的标志，然而，由于众多的原因，大学生在恋爱中往往把握不住自己的爱情而走进误区，从而引发一系列复杂、独特而微妙的情感体验，产生心理困扰。

（四）未来就业所引发的心理问题

进入大学后，大学生们对自己未来的前途由憧憬转向现实。大学生择业是一个选择与被选择的过程。面对选择与被选择，面对人才市场的激烈竞争，大学生在择业过程中，常常会出现种种惶恐与不安，产生各种心理矛盾和冲突，从而导致心理失衡，轻则影响择业的成功，严重时甚至会干扰正常的学习与生活，影响身心健康。

（五）评先争优所引发的心理问题

在大学期间，每个大学生都必须面临着各类奖惩。评先进、争优秀等问题也常常引起学生心理困扰。各种考评、比赛（如担当社会工作、入党、竞赛名次等）对学生的当前生活及前景可能带来一些潜在的影响，使一些大学生联系自身利益而计较其中。

除此以外，在大学生中还存在适应困难、贫富悬殊以及信仰危机等方面的心理问题。

二、常见心理问题的原因分析

人的心理健康是一个极为复杂的动态过程。影响心理健康的因素是多种多样的，既有个体自身的心理素质，也有外界环境因素的影响，生活事件是其中的主要影响因素之一。就当前大学生的具体现状而言，影响其心理健康的与生活事件相关外在因素主要体现在以下几个方面：

（一）环境变化

生活环境的变化对新生是一个不小的挑战。这种变化的主要方面就是要自己独立生活，应付一切生活琐事。因此，在我们前面的研究中，生活适应问题是大学生面对的重要生活事件之一。但相对来讲，大学生对新的人际关系的适应远比对学习和生活环境的适应困难。进入大学意味着进入全新的人际关系之中。面对来自各地风格、特点各异的新同学，如何建立协调、友好的人际关系是非常重要的。

（二）学习问题

大学生学习的重要特点是学习的自主性，学生成为学习的主体，而教师是学习的指导者。因而大学生在进入大学后首先面临的是学习方法、学习内容与学习习惯的巨大转变，这也包括对自习能力的重新评估。许多学生在中学时代因自己的学习优势，有着较高的学业期待。进入大学则面临着学业优势的失落及对自己的学业期待的重新定位。如果大学生缺乏足够的思想准备、不能恰当接受和对待学业成绩，就会出现自信心下降、自卑感上升，甚至还会出现强烈的嫉妒心理和攻击行为。大学的学习目的、学习方式、学习内容都是有别于中学的。随着社会对大学生要求的提高，用人标准的转变，促使很多在校大学生既要学习专业知识，同时还要选修一些相关专业课程，如外语、计算机、汽车驾驶等，考取各类证书，以适应激烈的市场竞争。如果大学生学习方法不当、学习动机不强、学习目的不明确，自我约束能力弱，则容易出现焦虑、紧张等情绪反应，同时还会严重影响自信心，发生苦恼以及自我否定等心理问题，导致学业失败。

（三）人际关系

大学生的人际关系更为广泛与深刻，角色呈多元化。来自不同地域、不同教育背景、不同经济状况，带着各自的生活习惯与学业期待来到大学，新型人际关系的适应是大学生面临的重要问题。既有师生关系的理解，也有同班及宿舍的相处，还有异性交往的适应等。异性交往是大学生人际关系的重要组成部分，这既包括两性之间友谊的发展，也包含爱情的成长。有的大学生面对异性的追求茫然不知所措，不知如何拒绝，也不知如何去爱；有的大学生将爱情置于学业之上，甚至认为有爱就有一切，当失恋的打击袭来时，没有充分的心理准备，不知如何策略地面对分手、面对自己。

（四）家庭情况

家庭的影响主要包括家庭成员关系状况、家庭经济状况和亲人健康状况。家庭关系和睦、父母感情稳定对学生有积极的影响，让学生有归属感和安全感；而如果父母关系不和、家庭关系紧张甚至父母离异等都会对学生的学习和生活造成冲击，轻者学习动机不强、学习没有兴趣、成绩下滑，重者有些学生会有退学的念头。家庭经济状况特别是困难甚至贫困家庭的学生易产生心理不适感，由于家庭环境带来的学生心理问题其影响是深远而长久的。亲人健康状况良好，会让大学生心境平静，学习生活踏实稳定；亲人健康状况不佳，会极大地影响学生的心境，对其心身状态造成影响。在前面的研究中，这也是学生的负性生活事件之一。

（五）就业问题

关于就业问题，以往的研究还没有发现对学生的影响那么严重，可是随着逐年连续扩招，大学生的就业压力越来越大。尤其是在当前全球金融危机背景下，工作岗位减少、经济发展缓慢、失业人口增加这些表现让大一的学生已经有了比较强烈的危机意识，高年级学生更甚。在我们的研究中，就业压力和前途迷茫也是出现频次较高的概念词。

另外，有些大学生本身情绪发展就不稳定，再加上心理素质的培养和熏陶没有跟上，导致心理承受力差。具体表现为：顺利与受宠成为他们的心理定势，事情只能成功但不能失败；能受表扬但不能被批评；能依赖但不能自主。一旦环境变得与先前不同，自然就会有一种挫折感。这种挫折感如果时间长、强度大，当事人就会变得自卑、失望、心灰意冷、绝望轻生。对这些大学生来讲，其自身缺乏的抗挫折力、非辨证的思维方式是引起心理疾患的致命要素。

三、对生活事件的应对方式

（一）应对方式的概念

20 世纪 60 年代以后，在 Freud S. 的防御机制理论和应激理论的基础上，以 Lazarus 为代表的一批心理学家引进认知评估理论，将个体在外部刺激引起的心理紧张面前为保持心理平衡、适应环境的活动用“应对（coping）”概念来表达，并将其定义为“应对是个体为了处理被自己评价为超出自己能力资源范围的特定内外环境要求，而作出的不断变化的认识和行为努力”（俞磊，1994）。

应对方式（copying style）是个体摆脱精神紧张的自我心理

适应或心理支持机制（杨德森，1999），可简单地将其理解为人们为对付内外环境要求及其有关的情绪困扰而采用的方法、手段或策略，有时可称作应付策略（copying strategies）或应付机制（copying mechanisms）。应对方式是心理应激与压力影响个体生理和心理健康的重要调节变量或中介变量，在很大程度上影响着压力的后果和严重性，对个体的生理和心理健康起着非常重要的作用（Folkman，Lazarus，Dunkel-Schetter，DeLongis，& Gruen，1986；Cassidy，Meadows，Catalan，& Barton，1997；姜乾金，1999；张林，车文博，黎兵，2005）。应对在应激与健康关系中的作用已越来越引起人们的关注。Copyne 特别强调应对对于心理健康的重要性，并且提出：在应激过程中一个人做什么（如何应对）比他是什么（具有的人格特征）和他有什么（能获得社会支持）更为重要（Neufeld，1989）。

（二）应对方式的分类

根据应对目标可以将其分为针对问题应对和针对情绪应对两类；根据研究角度不同，还可将应对分为过程应对和特质应对；根据应对活动的内容也可将其分成许多种类，如再评价、问题解决、回避、顺从、幻想、求助等（姜乾金，1999）。

（三）生活事件对应对方式的影响

自从 20 世纪 30 年代 H. Seiye 提出心理应激源与心身健康的关系，应激源的研究就引起广泛的关注。我国学者着重研究了青少年学生的学习、考试等应激性生活事件以及这些生活事件对应对方式的影响。研究表明，青少年学生的生活事件主要来自学习方面（如考试失败、学习负担重和升学压力等）及家庭亲友的人际关系问题，而且发现学习压力因子的心理应激强度明显高于其他事件。大学生的应激源特点在每个年级也各有不同，大一主要面临着恋爱和人际关系，学习压力以及生活和突发事件等压力，大二学生面临工作和择业压力，大三在经济压力上要高于大四学生，大四学生面临更多的是学习和择业等的压力（黄艳苹，李玲，雷良忻，2005）。

在前人的研究中，发现成熟的应付方式“解决问题”与“求助”的因子分最高，大学生倾向于采用成熟的应付方式。而另一种应付方式“合理化”及“自责”的因子分最低，说明大学生不倾向于采用自我说服和自责的应付方式。研究表明，男学生更多地使用成熟的应对方式，而女学生使用不成熟的应对方式明显多于男学生（Carter，Bendell，& Matarazzo，1985；Parker，& Brown，1982）。个体应付方式的使用一般都在一种以上，但每个人的应付行为类型仍具有一定的倾向性，这种倾向性构成了六种应付方式在个体身上的不组合形式。有研究发现，在面临压力时女生比男生除了倾向于采用倾诉求助的方式，更多通过调整认知、合理化和幻想的方式减少内心的不安和焦虑（姜乾金，1999）。

（四）不同特质个体的应对方式差异的研究

在 Freud S. 的防御机制理论的基础上发展起来的应对理论被称为特质理论（characteristice - oriented coping theory）。特质论者认为应对是个体在遭遇应激情景下所产生的一贯的稳定的行为方式，是一种适应性行为；影响个体应对方式的因素是人格特质，或者说应对方式是个体人格特质在应激反应中的折射（王云霞、万明钢，2002）。对医学院校本科学生采用成人艾森克个性问卷（EPQ）、应对方式问卷进行了相关问卷调查，发现精神质（P）、内外向（E）

和情绪稳定性（N）各因子得分分别在不成熟型、混合型、成熟型3种应对方式差异有显著意义。对即将毕业的大三学生进行研究发现，大学生的特质应对与人格特征有一定的相关性，并能通过进入应对回归方程的人格特征来做出预测。外向性、情绪稳定性高、责任心较强的学生易于采取积极的应对方式，内向性且情绪稳定性差的学生易于采用消极的应对方式（李琦，潘芳，江虹，刘强，龚明亮，李海，2004）。可见毕业生面对各种生活事件所采取的应对方式与其各自的人格特征也存在着密切的关联，不同的人格特征在面对相同的生活事件时可能采取不同的应对方式。

四、大学生倾向选择的心理援助方式

为了解决学生在面对消极的应对方式时，无法有效地处理自己的问题。面对学生存在的心理问题，各高校纷纷建立了心理咨询中心，为学生的心理困扰答疑解惑。但是，学生并不是都喜欢采用心理咨询的求助方式来解决自己的问题。当自己有心理困扰时，学生倾向选用的心理援助方式有以下的特点：

（一）先自我调节，后寻求他人帮助

这和大学生独立意识的增强、自主解决问题能力的提高有关。调查表明，大学生在自行解决自己的心理问题时，并不急于寻求他人帮助；当不能自行解决时，他们常向朋友、同学、家人等非专业人员求助，只有当心理问题特别严重时，才会积极向心理咨询专业人员求助。

（二）大学生倾向于向同辈寻求心理援助

有调查表明，向知心朋友诉说心事，是大学生继自我调节之后

排在第二位的援助方式。从心理学角度看，“朋辈”由于年龄相同，通常有相同的价值观、经验、生活方式、心理特征等，符合大学生的心理援助需求。

（三）网络援助成为大学生心理援助的一种重要途径

在选择愿意采取的心理援助方式及排序情况方面，网络咨询占46.7%，排在第一位，它以其独居的快捷、方便、匿名、安全等优势，使得网络心理援助成为高校大学生解决心理困惑的重要方式。学校可以利用这一方式为学生解除心理困惑，但是，还是应提倡大学生主动与人进行交流的方式，因为过度使用和依赖网络，不利于大学生人际交往的正常进行。

（四）娱乐放松是许多大学生心理援助的主要方式

有调查发现，大学生在遇到心理压力、心情郁闷、不愉快时，会选择听音乐、看电影、上网、运动等方式排解苦恼的占40.1%，选择睡觉、哭泣、疯狂进食或购物的占12.4%，只有9.7%的学生愿意求助于心理辅导人员。但应明确的是，通过听音乐、看电影、上网、运动等方式来排解苦恼、宣泄困惑在某种意义上也只是一时逃避，往往一时见效，但实质性问题其实仍未解决，而且这种方式还可能给学生带来其他的负性情绪。

由以上的分析可以看出，大学生不倾向选择专业的心理援助方式，除了心理咨询自身的“来访者自愿”原则限定了心理咨询这种援助方式的作用，还更多地是因为大学生这一群体自身特点的原因。从教育管理者的角度来看，当学生面对重大生活事件时，学生自己解决心理困惑的方式不能奏效的情况下，建立一套科学有效的心理援助机制就成为当务之急。

第二节　对高校学生心理成长工作的建议

一、对高校心理援助工作的建议

高校对学生进行心理援助是高等教育工作者的共识。如果不能根据学生具体的需要实施相对应的教育，会延误了对学生心理危机的有效援助。所以，根据影响大学生生活事件的内容、特点以及对大学生情感反应、行为选择的影响规律，构建行之有效的心理援助内容和方法，是保证学生改善心理健康水平的根本。我们根据本研究的内容，对高校心理援助工作提出了以下的建议：

（一）及时发现心理问题，有针对性地解决

由于心理健康状况是可变的和不稳定的，受不同时期的内部和外部环境的影响。因此，可以每个学期对不同年级的学生进行心理健康筛查，而不仅只对新生进行心理健康普查。通过对不同年级的学生进行筛查，根据不同年级负性生活事件发生的频率，找出他们的关键问题，通过成长性谈话或者团体辅导的形式，对他们及时进行心理疏导。可以将危机问题消灭于萌芽之中，让对学生的负性影响程度尽量降低。同时保证了心理援助的针对性，符合学生的需要。

（二）拓展心理援助渠道，采取多样性的方法

确定心理干预的内容后，用什么样的方法实施心理教育显得非常关键。在高校的心理援助中，个别心理咨询采用的最多，但

这种方法有效但不高效；采取课堂教学普及心理学知识的方式只能限于面上而不好深入。对于学生生活中经常遇到的负性生活事件大多都属于发展性问题，比较普遍，但每个人发生的时间和具体的内容又不同，我们认为对大学生的心理干预活动必须充分调动学生的主观能动性和积极参与的欲望，采用解答疑问、心理辅导系列讲座、团体心理辅导的形式，以小组活动、互助协作的方法，可以达到良好的效果。解答疑问可以在班会等全班公共活动时进行；团体心理辅导针对受某类负性事件影响的学生进行，如“大学新生适应小组”、“学习方法提高小组”等常见的心理问题，通过“确立问题－分组讨论－小组观点－大组交流－观点总结－解决措施”等步骤，在辅导教师和同学们的共同参与下，消除心理疑惑，提高心理健康水平。

（三）动员高校各种力量，力争全员化地援助

为学生提供心理援助不仅是学校专职心理教师的问题。主要原因是任何一个学校专职的心理学教师的师资力量都有限，不能解决每一个学生的心理学问题，除了通过开展心理健康方面的普及课程、进行个别和团体心理辅导以提高学生的心理健康水平外，还有很多个体的问题是顾及不到的，尤其是当学生不主动来求助的时候，所以发展心理援助全员化是大势所趋。另外，学生的很多问题都是正常的成长困惑、烦恼，这些都是任课教师、思想政治教育工作者能够解决的问题，所以动员全体教职员工帮助学生成长和发现学生中可能会有严重心理问题的学生也是当务之急。

二、高校长效心理援助机制的探讨

根据我国高校心理援助实施的经验，结合大学生选择心理援助方式的特点，我们提出了建立高校四级心理援助体系，并制订了每一级的职责与任务：第一级是在校党委和有关部门领导下的学校心理素质教育中心；第二级是在院系党总支领导下的院系心理素质教育领导小组，由专职心理辅导员负责；第三级是院系学生会或团总支领导下的学生心理素质部，由上一级领导开展工作，成员为学生骨干；第四级是各班配备心理委员（学生干部、学生社团骨干）。

（一）学校心理素质教育中心职责

（1）根据学生心理发展特点和身心发展的规律，有针对性地实施心理素质教育。

（2）面向全体学生，通过普遍开展宣传教育活动，使学生对心理素质教育有积极正确的认识，让学生自觉提高自身的心理素质。

（3）关注个别差异，根据不同学生的不同需要开展多种形式的教育和辅导。

（4）加强对大学生心理素质和心理健康状态的调查和研究工作，为学校制定规章制度和有效管理提供依据。

（5）做好科学理论研究工作，提高学校心理素质教育的科研水平。

（6）面对全校广大学生，开展个别心理咨询。对少数有心理困扰或心理障碍的学生，给予科学有效的心理咨询和辅导，使他们尽快摆脱障碍，调节自我，提高心理素质水平，增强发展自我的能力。

（7）开展团体心理辅导。对大学生在人际关系、学习、情感、择业、恋爱等方面出现的烦恼、忧虑和困惑提供帮助，帮助大学生增强自我认识、调控自我、承受挫折、适应环境的能力，培养学生健全的人格和良好的个性心理品质；提高心理素质，挖掘自身潜力，促进全面发展。

（8）开展学生心理健康普查。并对测试结果进行整理和统计分析，负责建立学生心理档案。

（9）指导学生心理社团。利用学生课余时间积极开展大学生喜闻乐见的心理素质教育活动。

（二）院系心理素质教育领导小组职责和任务

（1）建立院系党政领导下的心理健康领导小组，并配备专门的心理辅导员。

（2）领导小组应定期分析学生的心理状况，并与学校心理素质教育中心及时沟通，预防学生心理疾病与心理危机。

（3）接受学校心理素质教育中心组织的心理素质教育方面的培训。

（4）领导本院系心理素质部开展心理素质教育活动。

（5）汇总各班级心理委员的情况报表，及时上报学校心理素质教育中心备案。

（6）协助学校心理素质教育中心对本院系的学生进行危机干预。

（7）开展学生发展性的心理素质教育工作。

（8）每学年接受学校的评估和检查。

具体来说，院系这一级的主要任务是以建立预警系统、收集信息、个别谈心、及时转介和社团活动为主。建立预警系统主要包括：

校系党组织和行政切实加强对心理素质教育工作的领导，对心理素质教育工作形成决议，建立制度，加强管理，并制订心理疾病预防与危机干预工作的预案细则和流程，定期听取心理素质教育工作汇报，并提出进一步加强和改进的意见。及时收集信息资料，主要通过班级心理委员收集班内学生在新生适应、自我认知、恋爱交友、学习压力、求职择业、家庭问题、社会竞争等方面的信息。并根据收集来的信息对学生进行个别谈心辅导。首先各院系要设置个别谈心辅导的温馨环境，建立辅导员、班主任谈话制度，采取团体谈心和个别谈心相结合、定期谈心和预约谈心相结合、警示谈心和激励谈心相结合的方式与学生谈话。当在谈话过程中，发现问题应及时报告、转介。院系应该与学校心理中心保持经常的联络，对有严重心理障碍或心理疾病的学生要请专家进行心理评估，以便及时进行心理咨询或采取心理治疗等干预措施；对有自杀企图并计划实施自杀行为的学生一旦发现，应立即对其实行有效的监护，确保学生人身安全，并迅速通知学生家长到校，共同采取干预措施；对自杀未遂的学生，应立即送到专门机构进行救治。此外，院系应该组织相应的学生团体，开展心理社团活动，经常举办学术报告和心理成长团体辅导活动，开展大学生喜闻乐见的校园文化活动，促进大学生心理素质的提高。

（三）院系心理素质部职责

（1）协助院系心理院系心理素质教育领导小组开展每年的心理健康宣传教育工作，如“5.25 大学生心理健康节”和“心理素质教育宣传月（周）”活动的策划和实施。

（2）协助院系开展心理委员培训和学生心理素质教育培训活动。

（3）协助院系开展新生心理普查和老生心理排查工作。

（4）协助院系和联系班级心理委员做好班级心理健康日常监测，及时将各班学生的心理状况进行汇总并上报。

（5）协助院系做好危机预防和筛查工作。

（6）定期接受学校和学院的培训，发挥朋辈辅导的作用。

（四）班级心理委员职责

（1）自觉接受院系党团组织和学生会的领导，接受本院系心理素质教育领导小组和心理素质教育辅导员的指导，为学校稳定和丰富校园文化积极开展心理素质教育的相关工作。

（2）协助院系开展学生心理健康普查及相关的调查研究工作。

（3）按时接受心理委员培训，积极参加学校心理素质教育的相关活动，丰富心理素质教育有关知识，自觉成为心理健康教育骨干。

（4）参加班级委员会活动，积极开展提高大学生心理素质、促进心理健康的有关班级活动。

（5）执行班级学生心理健康状况零报告制度。向院系心理素质教育领导小组和心理素质教育辅导员汇报本班级学生心理健康状况。

（6）院系心理素质教育领导小组每年度对心理素质委员进行考核评优，级别分为优秀、合格和不合格。学校将定期对优秀心理素质委员进行表彰和奖励。

（五）心理援助体系总体的运行机制

四级心理援助体系的工作关系，如下图：

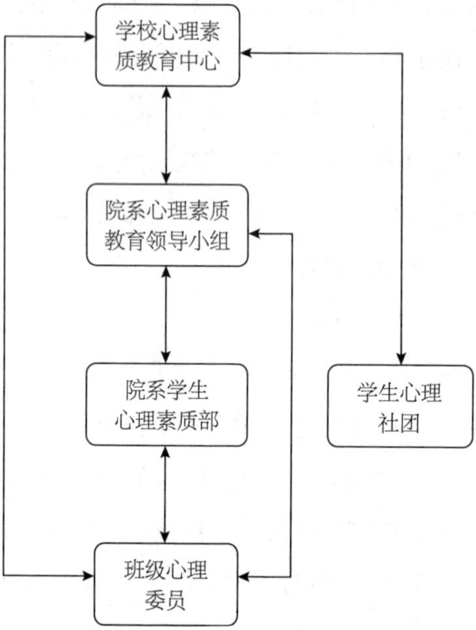

从上面的图中，可以看出，四级体系的工作机制是这样的：心理素质教育中心对院系心理素质教育领导小组起指导作用，院系一级指导心理素质部，心理素质部指导班级心理委员，同时，下一级对上一级层层负责。另外，心理委员又可以跨过其他级直接与学校心理素质教育中心和院系心理素质教育领导小组联系，如发生紧急事件或通过咨询的方式接受工作辅导等。而学生心理社团在这四级中是相对独立的，处在与院系学生心理素质部同等的级别，但直接接受校心理素质教育中心的指导，学生心理社团直接对校心理素质教育中心负责。

三、高校即时心理援助机制探讨——心理危机干预机制

长效心理援助机制的目的就是使每个学生都能正常地学习、成

长，都能顺利成才。那么以防止精神病发生和防止自杀、伤人为主的即时的心理援助机制心理危机干预工作就显得尤为重要。因此，除了建立长效的心理援助机制外，还要针对性地建立即时的心理援助机制即心理危机干预机制，主要针对遭遇重大挫折，处于心理危机状态，有可能发生恶性突发事件或有可能导致严重心理疾病的那部分学生。及时做好大学生心理疾病预防和心理危机干预工作，坚决制止自伤、伤人恶性事件发生，竭力维护学生的生命安全，帮助他们完成学业，使之成为有用之才。为了做好这一工作，既要看到心理危机干预的重要性、特殊性，又要看到心理危机干预与一般心理健康教育和日常心理咨询工作的一致性、互补性，把大学生心理危机干预工作当成大学生心理健康教育牢固的底线。

显然，心理危机干预如果做得不到位，大学生心理援助机制很难说是成功的。所以，建立心理援助机制只有一个基本目标，就是增进大学生心理健康水平，使每个人都能应对环境，正常的学习和生活。因此，既不能任意夸大其功能，期望单靠加强心理援助机制就使学生达到“自我实现”的境界，也不可忽视大学生中少数因严重心理问题，而可能导致自杀或导致精神病的学生的利益，坚持从心理健康教育的基本目标出发，充分关注心理危机的干预，把高校的大学生心理健康教育真正落到实处。

参考文献

[1] Amy, M.D., Alexander, V.R., & George, W. (2008).Evaluations of pleasurable experiences: the peak - end rule. Psychonomic Bulletin & Review, 15 (1), 96–98.

[2] Anderson, N. H. (1965).Averaging versus adding as a stimulus–combination rule in impression formation. Journal of Experimental Psychology, 70, 394–400.

[3] Anderson, N. H. (1974).Cross–task validation of functional measurement using judgments of total magnitude. Journal of Experimental Psychology, 102, 226–233.

[4] Anderson, N. H. (1981).Foundations of information integration theory. New York: Academic Press.

[5] Andrew, G. (1978).Life event stress, social support coping style and risk of psychological impairment . Journal of Nervous and Mental Disease, 166, 307–310.

[6] Ariely, D., & Zauberman, G. (2000).On the making of an experience: The effects of breaking and combining experiences on their overall evaluation. Journal of Behavioral Decision Making, 13, 219–232.

[7] Baldwin, J. A., Brown, B. G., Wayment, H. A., Nez, R. A., & Brelsford, K. M. (2011). Culture and context: Buffering the relationship between stressful life events and risky behaviors in American Indian youth.Substance Use and Misuse, 46 (11), 1380–1394.

[8] Baumgartner, H., Sujan, M., & Padgett, D. (1997). Patterns of affective reactions to advertisements: The integration of moment to moment responses into overall judgments. Journal of Marketing Research, 32, 219–232.

[9] Blankenstein, K. T., Flet, F. L., & Koledin, S. (1991). The brief college hassles scale: Development, validation and relation with pessimism. Journal of College Student Development, 32, 258–264.

[10] Bodell, L. P., Smith, A. P., Holm–Denoma, J. M., Gordon, K. H., & Joiner, T. E. (2011). The impact of perceived social support and negative life events on bulimic symptoms. Eating Behaviors, 12 (1), 44–48.

[11] Bolger, N. (1990). Coping as a personality Process: A Prospective Study. Journal of Personality and Social Psychology, 59, 525–537.

[12] Boytis, R. E. (1998). Transforming qualitative information: thematic analysis and code development. Sage Publications.

[13] Cahir, N., & Morris, R. D. (1991). The psychology student stress questionnaire. Journal of Clinical Psychology, 47, 414–417.

[14] Carter, B. D., Bendell, D., & Matarazzo, J. (1985). Behavioral health: Focus on preventive child health behavior. In Health psychology (pp. 1-61). Springer US.

[15] Cassidy, L., Meadows, J., Catalan, J., & Barton, S. (1997). Are reported stress and coping style associated with frequent recurrence of genital herpes?. Genitourinary medicine, 73 (4), 263-266.

[16] Chapman, G. B. (2000). Preferences for improving and declining sequences of health outcomes. Journal of Behavioral Decision Making, 13, Special Issue: Time and Decision: 203-218.

[17] Cojuharenco, I., & Dmitry, R. (2008). Peak-End Rule Versus Average Utility: How Utility Aggregation Affects Evaluations of Experiences. Journal of Mathematical Psychology, 52 (5), 328-337.

[18] de Tychey, C., Garnler, S., Lighezzolo-Alnot, J., Claudon, P., Rebourg-Roesler, C., & Brent, D. A. (2010). An accumulation of negative life events and the construction of alexithymia: A longitudinal and clinical approach. Journal of Personality Assessment, 92 (3), 189-206.

[19] Diener, E., Wirtz, D., & Oishi, S. (2001). End effects of rated quality of life: The James Dean effect. Psychological Science. 12, 124-128.

[20] Dohrenwend, B. P., & Dohrenwend, B. S. (1982). Perspectives

on the past and future of psychiatric epidemiology: the 1981 Rema Lapouse Lecture. American Journal of Public Health, 72, 1271-1279.

[21] Evelyn, L. G., & George, W. C. (1976). Life events and subsequent illness. American Journal of Epidemiology, 104 (1), 146-158.

[22] Folkman, S., Lazarus, R. S., Dunkel-Schetter, C., DeLongis, A., & Gruen, R. J. (1986). Dynamics of a stressful encounter: cognitive appraisal, coping, and encounter outcomes. Journal of personality and social psychology, 50 (5), 992.

[23] Fredrickson, B. L., & Kahneman, D. (1993). Duration neglect in retrospective evaluations of affective episodes. Journal of Personality & Social Psychology, 65, 44-55.

[24] Fredrickson, B. L. (2000). Extracting meaning from past affective experiences: The importance of peaks, ends, and specific emotions. Cognition & Emotion, 14, 577-606.

[25] Gadzella, B. M. (1994). Student-life stress inventory: Identification of and reactions to stressors. Psychological Reports, 74, 395-402.

[26] Garnefski, N., & Kraaij, V. (2009). Cognitive coping and psychological adjustment in different types of stressful life events. Individual Differences Research, 7 (3), 168-181.

[27] Goldberg, E. L., & Comstock, G. W. (1976). Life events and

subsequent illness. American Jo-urnal of Epidemiology, 4 (2), 146-158.

[28] Gomez, V., Krings, F., Bangerter, A., & Grob, A. (2009). The influence of personality and life events on subjective well-being from a life span perspective. Journal of Research in Personality, 43, 345-354.

[29] Grover, K. E., Green, K. L., Pettit, J. W., Monteith, L. L., Garza, M. J., & Venta, A. (2009). Problem solving moderates the effects of life event stress and chronic stress on suicidal behaviors in adolescence. Journal of Clinical Psychology, 65, 1281-1290.

[30] Holmes, T. H., & Rahe, R. H. (1967). The social readjustment rating scale. Journal of Psychosomatic research, 11 (2), 213-218.

[31] Hoogerheide, V., & Paas, F. (2012). Remembered utility of unpleasant and pleasant learning experiences: Is all well that ends well? Applied Cognitive Psychology, 26 (6), 887-894.

[32] Horesh, N., Sever, J., & Apter, A. (2003). A comparison of life events between suicidal adolescents with major depression and borderline personality disorder. Comprehensive Psychiatry, 44 (4), 277-283.

[33] Hull, C. L. (1943). Principles of Behavior: an Introduction to Behavior Theory. Oxford, England: Appleton-Century.

[34] Kanner, A. D., Coyne, J. C., Schaefer, C., & Lazarus, R.

S. (1981) . Comparison of two modes of stress measurement: Daily hassles and uplifts versus major life events. Journal of Behavioral Medicine, 1, 1–39.

[35] Kahneman, D., Fredrickson, B., Schreiber, C., & Re?delmeier, D. (1993) . When more pain is preferred to less: Adding a better end. Psychological Science, 4, 401–405.

[36] Kahneman, D. (1994) . New Challenges to the Rationality Assumption. Journal of Institutional and Theoretical Economics, 150 (1) , 18–36.

[37] Kemp, S., Burt, C. D. B., & Furneaux, L. (2008) . A test of the peak–end rule with extended autobi–ographical events. Memory & Cognition, 36 (1) , 132–138.

[38] Kendler, K. S., & Gardner, C. O. (2010) . Dependent stressful life events and prior depressive episodes in the prediction of major depression: The problem of causal inference in psychiatric epidemiology. Archives of General Psychiatry, 67, 1120–1127.

[39] Lazarus, R. S., & Folkman, S. (1984) . Stress, appraisal, and coping. New York: Springer.

[40] Lewinsohn, P., Mermelstein, R., Alexander, C., & MacPhillamy, D. (1985) . The Unpleasant Events Schedule: A scale for the measurement of aversive events. Journal of Personality and Social Psychology, 41, 483–98.

[41] Lien, L., Halvorsen, J. A., Haavet, O. R., & Dalgard, F. (2012) . The relation of early experienced negative life

events and current itch. A longitudinal study among adolescents in Oslo, Norway. Journal of Psychosomatic Research, 72, 226-229.

[42] Linda, W. P., Marroquín, B., &Miranda, R. (2012). Active and passive problem solving as moderators of the relation between negative life event stress and suicidal ideation among suicide attempters and Non-Attempters. Archives of Suicide Research, 16 (3), 183-197.

[43] Linville, P. W., & Fischer, G. W. (1991). Preferences for separating or combining events. Journal of Personality and Social Psychology, 60, 5-23.

[44] Luhmann, M., Hoffmann, W., Eid, M., & Lucas, R. E. (2012). Subjective well-being and adaptation to life events: Ameta-analysis. Journal of Personality and Social Psychology, 102 (3), 592-615.

[45] Loewenstein, G., & Prelec, D. (1993). Anomalies in interpersonal choice: Evidence and an interpretation. In J. Elster & Loewenstein, G. (Eds.) Choice over time. New York: Russell Sage Foundation.

[46] Miron-Shatz, T. (2009). Evaluating multiepisode events: Boundary conditions for the peak-end rule. Emotion, 9, 206-213.

[47] Moberly, N. J., & Watkins, E. R. (2008). Ruminative self-focus, negative life events and negative affect. Behaviour

Research and Therapy, （46）, 1034–1039.

[48] Neufeld R W J.（1989）. Advances in the investigation of psychological stress . New York: Willey Inc, 376.

[49] O' Hara, R. P.（2006）. Stress, Aging, and mental health. American Journal of Geriatric Psychi–atry, 4（4）, 295–298.

[50] Parker, G. B., & Brown, L. B.（1982）. Coping behaviors that mediate between life events and depression. Archives of General Psychiatry, 39（12）, 1386–1391.

[51] Paykel, E. S., Prusoff, B. A., & Myers, J. K.（1975）. Suicide attempts and recent life events: a controlled comparison. Archives of General Psychiatry, 32, 327–333.

[52] Paykel, E. S.（2001）. The evolution of events research in psychiatry. Journal of Affective Dis–orders, 62, 141–149.

[53] Redelmeier, D. A., & Kahneman, D.（1996）. Patients' memories of painful medical treatments: Real–time and retrospective evaluations of two minimally invasive procedures. Pain, 66, 3–8.

[54] Redelmeier, D. A., Katz, J., & Kahneman, D.（2003）. Memories of colonoscopy: A randomiz–ed trial. Pain, 104, 187–194.

[55] Rice, P. L.（1992）. Stress & Health（2nd ed.）. Pacific Grove, CA: Brooks/Cole.

[56] Rosnick, C. B., Small, B. J., McEvoy, C. L., Borenstein, A. R., & Mortimer, J. A.（2007）. Negative Life Events and

Cognitive Performance in a Population of Older Adults. Journal of Aging and Health, （4）, 612–629.

[57] Rabkin, J., & Struening, E. L. (1979). Life events stress and illness. Science, 194, 1013–1020.

[58] Redelmeier, D. A., & Kahneman, D. (1996). Patients' memories of painful medical treatments: Real–time and retrospective evaluations of two minimally invasive procedures. Pain, 66, 3–8.

[59] Sarason, I. G., Johnson, J. H., & Siegel, J. M. (1978,). Assessing the impact of life changes: Development of the life experiences survey. Journal of Consulting and Clinical Psychology, 46 (5), 932–946.

[60] Schreiber, C. A., & Kahneman, D. (2000). Determinants of the remembered utility of aversive sounds. Journal of Experimental Psychology: General, 129, 27–42.

[61] Schwarz, N., & Clore, G. L. (1983). Mood, misattribution, and judgments of well–being: Informative and directive functions of affective states. Journal of Personality and Social Psychology, 45, 513–523.

[62] Selye, H. (1974). Stress without distress. Philadelphia: Lippincott.

[63] Selye, H. (1979). The stress concept and some of its implications. In Hamilton, V. & Warburton, D. M. (Eds.), Human stress and cognition: An information processing approach

(pp.11-32). New York: Wiley.

[64] Seta, J. J., Crisson, J. E., Seta, C. E., & Wang, M. A. (1989). Task performance and perceptions of anxiety: Averaging and summation in an evaluative setting. Journal of Personality and Social Psychology, 56, 387-396.

[65] Seta, C. E., Garren Jr, W. C., & Seta, J. J. (2011). Judging the severity of sexually harassing events. Basic and Applied Social Psychology, 33, 81-87.

[66] Seta, J. J., Seta, C. E., & Wang, M. A. (1991). Feelings of negativity and stress: An averaging-summation analysis of impressions of negative life experiences. Personality and Social Psychology Bulletin, 17, 376-384.

[67] Seta, C. E., & Seta, J. J. (1992). Increments and decrements in mean arterial pressure as a function of audience composition: An averaging and summation analysis. Personality and Social Psychology Bulletin, 18, 173-181.

[68] Seta, C. E., & Seta, J. J. (1996). When more is less: An averaging/summation analysis of social anxiety. Journal of Research in Personality, 30, 496-509.

[69] Seta, J. J., Haire, A., & Seta, C. E. (2008).Choices and affective reactions to negative life events: An averaging/summation analysis. Judgment and Decision Making, 3(5), 425-434.

[70] Seta, J. J., Haire, A., & Seta, C. E. (2008). Averaging and

summation: Positivity and choice as a function of the number and affective intensity of life events. Journal of Experimental Social Psychology, 44, 173-186.

[71] Seta, J. J., Seta, C. E., & McElroy, T. (2002). Strategies for reducing the stress of negative life experiences: An averaging/summation analysis. Personality and Social Psychology Bulletin, 28, 1574-1585.

[72] Spinhoven, P., Elzinga, B. M., Hovens, J. G., Roelofs, K., Zitman, F. G., van Oppen, P., & Penninx, B. W. (2010). The specificity of childhood adversities and negative life events across the life span to anxiety and depressive disorders. Journal of Affective Disorders, 126, 103-112.

[73] Sutin, A., Costa, P., Wethington, E., & Eaton, W. (2010). Perceptions of stressful life events as turning points are associated with self-rated health and psychological distress. Anxiety, Stress & Coping, 23 (5), 279-492.

[74] Strauss, A., & Corbin, J. (1998). Basics of qualitative research: Techniques and procedures for developing grounded theory (2nd ed.). Newbury Park, CA: Sage.

[75] Thaler, R. (1980). Towards a positive theory of consumer choice. Journal of Economic Behavior and Organization, (1), 39-60.

[76] Thaler, R. H. (1985). Mental accounting and consumer choice. Marketing Science, 4, 199-214.

[77] Thaler, R. H., & Johnson, E. J. (1990). Gambling with the house money and trying to break even: The effects of prior outcomes on risky choice. Management Science, 36, 643–660.

[78] Thaler, R. (1999). Mental accounting matters. Journal of behavior decision making, (12), 183–205.

[79] Thomas, D. R. (2000). Qualitative Data Analysis: Using A General Inductive Approach.Health Research Methods Advisory Service, Department of Community Health University of Auckland. New Zealand.

[80] Tversky, A., & Kahneman, D. (1981). The Framing of Decisions and the Psychology of Choice. Science, 211, 453–458.

[81] Vingerhoets, A.T., & Matcelissen, F. (1998). Stress research: it' s present status and issues for future development. Science Medicine, 26 (3), 279–291.

[82] Webster. (1979). Webster' s New Twentieth Century Dictionary, unabridged (2nd ed.). New York: Simon & Schuster.

[83] Williamson, D., Birmaher, B., Ryan, N., Shiffrin, T., Lusky, J., Protopapa, J., ….Brent, D. A. (2003).The stressful life events schedule for children and adolescents: Development and validation. Psychiatry Research, 119, 225–241.

[84] Young, P. T. (1936). Motivation of Behavior. New York: John Wiley & Sons, Inc.

[85] 曹亚杰. (2008).大学生生活事件、应对方式与应激反应的关系研

究. 硕士学位论文. 山东师范大学.

[86] 陈风梅.（2006）.大学生生活事件、归因方式、情绪调节与人际关系行为困扰的关系研究. 硕士学位论文. 福建师范大学.

[87] 陈慧，邓慧华，钟萍，梁宗保，张光珍，陆祖宏.（2012）. 青少年早期的抑郁与生活事件的交叉滞后分析. 中国临床心理学杂志，20（1），80–83.

[88] 陈红敏，赵雷，刘立新.（2009）. 大学生负性生活事件与心理健康关系探讨. 中国青年研究，（7），92–95.

[89] 陈卫旗.（1997）. 自我概念、生活事件与心理健康.中国临床心理学杂志，5（4），212–214.

[90] 迟松，林文娟.（2005）. 大学毕业班学生应激性事件问卷的初步编制. 中国心理卫生杂志，19（6），367–369.

[91] 崔红，王登峰，李侠，万梅，李雪冰.（2004）. 军事飞行员生活事件量表的编制. 中华航空航天医学杂志，15（1），35–39.

[92] 董志勇.（2006）. 行为经济学原理. 北京：北京大学出版社.

[93] 耿晓伟，郑全全.（2011）. 经验回顾评价中峰–终定律的检验. 心理科学，34（1），225–229.

[94] 冯丽云等.（2000）. 生活事件因素对青年学生心理健康水平影响的探讨. 中国公共卫生，16（1），4–6.

[95] 冯永辉，周爱保.（2002）. 中学生生活事件，应对方式及焦虑的关系研究. 心理发展与教育，1（8），71–74.

[96] 高延，杨玉凤，洪琦，韩太真，姚凯南.（2004）. 妊娠期生活事件影响新生儿神经行为发育的多因素分析. 中国儿童保健杂志，（6），484–486.

[97] 郭学东，李亚卿，王立娜，申继亮.（2006）. 社会支持在初中生生活事件与心理健康间的调节作用. 中国临床心理学杂志，14（5），530–531.

[98] 贺莹莹.（2008）. 高中生生活事件、应对方式与心理健康的关系研究. 硕士学位论文. 四川师范大学.

[99] 胡军生，程淑珍.（2008）. 师范大学生生活事件和应对方式对心理健康的影响. 中国临床心理学杂志，16（2），186–188.

[100] 胡朋利，张仲明，杨圆圆，郭晓伟.（2013）. 大学生生活事件，心理一致感和抑郁的关系. 中国健康心理学杂志，20（11），1722–1724.

[101] 胡燕，陶芳标，苏普玉，齐秀玉，邢超，黄朝辉.（2010）. 中学生生活事件多维评定问卷的编制和信效度检验. 中国学校卫生，31（2），146–149.

[102] 黄乔蓉，刘博，冯铁蕾.（2007）. 生活事件与大学生自杀意念的相关研究. 中国健康心理学杂志，15（3），201–213.

[103] 黄艳苹，李玲，雷良忻.（2005）. 大学生应激源，应对方式及其对心理健康的影响. 中国心理卫生杂志，19（7），448–449.

[104] 江光荣，靳岳滨.（2000）. 中国青少年生活事件检查表编制报告. 中国临床心理学杂志，8（1），10–14.

[105] 姜乾金.（1999）. 应对研究近况. 中国临床医生，27（11），16–18.

[106] 姜乾金，黄丽，卢抗生等.（1993）. 心理应激、应对的分类与心身健康. 中国心理卫生杂志，7（4），145–147.

[107] 蒋燕宾.（2008）.大专学生生活事件调查与分析. 柳州师专学报，（6），86–90.

[108] 康积勤，田博.（2008）. 大学新生负性生活事件与心理健康的关系研究. 安康学院学报，（6），112-114.

[109] 李爱梅.（2007）. 心理账户与非理性经济决策行为研究. 北京：经济科学出版社.

[110] 李爱梅，凌文辁.（2007）. 心理账户：理论与应用启示. 心理科学进展，15（5），727-734.

[111] 李丹，徐鑫锫，刘俊升，吴苹.（2013）. 孕期生活事件与妊娠压力：心理健康的中介效应和丈夫支持的调节作用. 心理科学，36（4），876-883.

[112] 李东升，陶芳标.（2000）. 中学生生活事件评定及其与焦虑、抑郁之间的关系的研究. 安徽预防医学杂志，6（4），241-243.

[113] 李虹.（2004）. 大学校园压力的年级和性别差异比较研究. 清华大学教育研究，（2），114-118.

[114] 李琦，潘芳，江虹，刘强，龚明亮，李海.（2004）. 大学生就业心理准备中影响其应对方式的相关因素的研究. 中国行为医学科学，13（2），217-218.

[115] 李茹，张志群，王育强.（2004）. 军校医学生生活事件，应付方式与心理健康的相关分析. 中国临床心理学杂志，12（2），165-166.

[116] 李献云，杨荣山，费立鹏等.（2001）. 自杀未遂危险因素的病例对照研究. 中国流行病学杂志，22（4），281-283.

[117] 李月，时春阳.（2007）.大学生负性生活事件调查分析. 科技信息，（3），232.

[118] 梁宝勇，王栋.（1998）. 医学心理学. 长春：吉林科学技术出版社.

[119] 梁红，费立鹏.（2005）. 探讨国内生活事件量表的应用. 中国心理

卫生杂志，19（1），42-44.

[120] 林小群，马强，林相明.（2012）. 大学生生活事件和应对方式的现状调查与思考——以北京师范大学为例. 北京教育（德育），11，71-73.

[121] 刘小娟，陈冲，杨思，朱熊兆.（2010）. 认知情绪调节在青少年生活事件和焦虑、绝望之间的调节作用. 中国健康心理学杂志，（8），987-988.

[122] 刘启刚，刘永贤.（2007）. 认知情绪调节策略在大学生生活事件与心理健康间的作用分析. 医学与社会，20（8），48-49.

[123] 刘贤臣，刘连启，杨杰等.（1997）. 青少年生活事件量表的编制与信度效度检验. 中国临床心理学杂志，（5），34-36.

[124] 刘贤臣，刘连启，杨杰等.（1997）. 生活事件、应对方式与青少年焦虑的相关性研究. 山东医科大学学报，35（4），306-309.

[125] 刘贤臣，王均乐.（1988）. 从生活事件与疾病看因果规律. 医学与哲学，（5），40-41.

[126] 柳友荣.（2004）. 大学新生负性生活事件与心理教育内容确立的实验研究. 心理科学，27（5），1242-1244.

[127] 罗伟，孙雅娜，王滨.（2007）. 大学生生活事件，应对方式和主观幸福感之间的关系. 中国临床心理学杂志，15（4），405-406.

[128] 马元广，李寿欣.（2013）. 解释风格在生活事件与心理健康间的中介效应. 中国健康心理学杂志，21（7），1102-1105.

[129] 倪有娣，楼美丽.（2005）. 大学生生活事件及应对方式的研究. 杭州师范学院学报（医学版），（2），84-87.

[130] 孙红梅.（2008）. 应激性生活事件对中专护理专业学生心理健康的

影响. 硕士学位论文. 山东大学.

[131] 宋玉梅，万宇辉，范引光等.（2006）. 医科院校大学生生活事件特点的调查分析. 疫情控制杂志，10（5），465-467.

[132] 唐海波，罗黄金，朱传文，李小玲，王湘.（2013）. 生活事件对大学生负性情绪的影响：神经质和应对方式的中介作用. 中国健康心理学杂志，21（6），904-906.

[133] 涂阳军，郭永玉.（2011）. 生活事件对负性情绪的影响：社会支持的调节效应与应对方式的中介效应. 中国临床心理学杂志，19（5），652-655.

[134] 王官诚.（2008）. 个体消费决策的非理性经济行为探析. 商业时代，（28），25-27.

[135] 王明辉，张淑熙.（2003）. 应激研究综述. 信阳师范学院学报，23（1），59-62.

[136] 王宇中，冯丽云，王志铭等.（1999）. 大中专学生生活事件量表的初步编制. 中国心理卫生杂志，13（4），206-207.

[137] 王云霞，万明钢.（2002）. 应对理论的回顾与展望. 河西学院学报，18（3），46-49.

[138] 韦有华，汤盛钦.（1998）. 几种主要的应激理论模型及其评价. 心理学报，21（4），441-444.

[139] 辛萃，何成森.（2010）. 生活事件与大学生自杀意念的关系——气质性乐观的调节作用. 社会心理科学，（1），58-62.

[140] 徐一峰，张明园等.（1997）. 两种生活事件量表的比较. 中国临床心理学杂志，5（3），166-167.

[141] 杨广业，田言杰，刘明.（2012）. 大学生生活事件与应付方式的相

关研究. 怀化学院学报，31（4），98-101.
[142] 张兰君.（1998）. 贫困大学生焦虑状况与生活事件关系研究. 陕西师范大学学报（哲学社会科学版），27（4），155-157.
[143] 张明园.（1993）. 精神科评定量表手册. 长沙：湖南科学技术出版社.
[144] 张亚林，杨德森.（1999）. 生活事件量表. 心理卫生评定量表手册. 中国心理卫生杂志（增刊），101-103.
[145] 张瑶，宋维真等.（1992）. 生活事件、性格对某些心身疾病的影响和调查分析. 心理学报，（1），35-41.
[146] 张月娟，阎克乐，王进礼.（2005）.生活事件、负性自动思维及应对方式影响大学生抑郁的路径分析. 心理发展与教育，（1），96-99.
[147] 张月娟，王增起，祝宏伟，李玉霞，芦炎.（2006）. 研究生抑郁情绪与负性生活事件的相关分析. 中国学校卫生，7，595-596.
[148] 杨德森.（1999）. 行为医学. 长沙：湖南科技出版社.
[149] 杨颖，程玉洁，邹泓，王莉.（2012）. 日常生活事件对中学生社会适应的影响：社会问题解决能力的中介作用. 心理科学，35（6），1376-1382.
[150] 俞磊.（1994）. 应付的理论、研究思路和应用. 心理科学，1994，（3），169-174.
[151] 张林，车文博，黎兵.（2005）. 大学生心理压力应对方式特点的研究. 心理科学，28（1），36-41.
[152] 张瑶，宋维真，姚林，夏朝云，冯而娟，张宗卫等.（1992）. 生活事件，性格对某些心身疾病的影响的调查分析. 心理学报，1，35-42.
[153] 郑延平，杨德森.（1990）. 中国生活事件调查——紧张性生活事件

在正常人群中的基本特征. 中国心理卫生杂志，4（6），263-267.

[154] 周凡，徐学俊.（2009）. 大学生生活事件与适应性问题的研究. 中国健康心理学杂志，17（8），996-998.

[155] 周末，巢传宣.（2007）. 大学生主观幸福感和生活事件的关系. 中国学校卫生，28（4），327-329.

[156] 朱坚，杨雪龙，陈海德.（2013）. 应激生活事件与大学生自杀意念的关系：冲动性人格与抑郁情绪的不同作用. 中国临床心理学杂志，21（2），229-231.

[157] 朱熊兆，唐秋萍，姚树桥.（2006）. 健康心理学. 天津：南开大学出版社.

附 录

附录1：研究一材料

大学生生活事件调查

专业： 班级： 年级： 性别： 年龄：

指导语：生活事件是指人们在日常生活中遇到的各种各样的社会生活的变动，分为正性生活事件和负性生活事件。正性生活事件能让人产生愉悦的情绪情感体验，负性生活事件却会使个体产生不安、消沉、焦虑等消极情绪情感体验。在大学学习、生活期间你经历过哪些正性生活事件和负性生活事件，请一一列举。**并请对每个事件让你感受到的情感强度从 -10 到 10 进行评分：其中 -10 表示非常负性，0 表示中性，10 表示非常正性。越往右，正性情感越强；越往左，负性情感越强。**事件列举得越多越好，可以写在背面。

-10	-9	-8	-7	-6	-5	-4	-3	-2	-1	0	1	2	3	4	5	6	7	8	9	10

非常负性　　　　中性　　　　非常正性

举例：负性：丢失钱包　-8　　　　正性：结交新朋友　+7

________________　　________________

________________　　________________

________________　　________________

________________　　________________

附录2：研究二、三评定材料

评定材料

请阅读下面的事件后，想象如果这个事件发生在你的身上，你会有什么样的体验，并对该事件让你感受到的情感程度进行评分，分别以 -10 到 10 进行评分：**其中 -10 表示非常负性，0 表示中性，10 表示非常正性。越往右，正性情感越强；越往左，负性情感越强。**

-10	-9	-8	-7	-6	-5	-4	-3	-2	-1	0	1	2	3	4	5	6	7	8	9	10

非常负性　　　　　　　　　　中性　　　　　　　　　　非常正性

正性情感指积极的、愉快的、高兴的情感；负性情感是指消极的、不愉快的、使人不高兴的情感。

1. 送某人一个礼物，对方很喜欢	18. 受到表彰
2. 在超市得到一小块免费品尝的食物	19. 初吻
3. 和一个久未谋面的老朋友一起吃饭	20. 多睡15分钟
4. 与心仪的异性确定恋爱关系	21. 在收音机上听到了喜欢的歌
5. 好友打来问候电话	22. 收到参加聚会的邀请
6. 捡了两块钱	23. 穿新买的衣服
7. 得到老师的表扬	24. 回答对了老师的提问
8. 和心仪的异性约会	25. 同学主动与自己打招呼
9. 得知知识竞赛中获奖	26. 听音乐
10. 在超市捡到两块钱	27. 与一个重要人物吵架
11. 在广播里听到喜欢的歌	28. 在最后一堂课上把食物弄在了衬衣上
12. 收到参加聚会的邀请	29. 与舍友吵架
13. 穿新买的衣服	30. 与同学打招呼时，忘记对方的名字
14. 收到朋友发来的祝福短信	31. 丢了一块钱
15. 早下课几分钟	32. 被好友误会
16. 学生干部竞选成功	33. 与恋人争吵
17. 考了一个好成绩	34. 一滴菜汁滴在身上

35. 发现饮水机出现了故障
36. 收音机里播放自己讨厌的音乐
37. 在最后一堂课上把食物弄到了衬衣上
38. 与朋友有些小矛盾
39. 自行车有毛病
40. 洗脸时发现水龙头不能出热水
41. 欠别人的钱
42. 丢了手套
43. 手擦伤了
44. 失恋
45. 丢了钱包
46. 考试失利
47. 竞选失败
48. 上课迟到了两分钟
49. 购物人多
50. 乘车堵车
51. 丢了笔袋
52. 学习时有道题不会做
53. 同学不与自己打招呼
54. 水杯丢了
55. 与一个重要人物吵架
56. 和父母争吵
57. 和老师争执
58. 与舍友发生冲突
59. 与好友产生矛盾
60. 和同学关系紧张
61. 被家长责骂
62. 考试成绩不理想
63. 考试不及格
64. 所学专业不喜欢
65. 学习无动力，没目标
66. 学习压力比较大
67. 学习效率不高

68. 上课听不懂
69. 学习退步
70. 就业压力大
71. 担心找不到工作
72. 钱包被盗
73. 丢失钱包
74. 财物被骗
75. 生活费拮据
76. 时间不够用
77. 生活规律被打乱
78. 遭遇意外交通事故
79. 求爱被拒
80. 恋爱不顺利
81. 失恋
82. 喜欢的异性不喜欢自己
83. 竞选学生干部失败
84. 选举落选
85. 面试失败
86. 预期的奖学金落空
87. 预期的评优失败
88. 当众丢面子
89. 家庭内部有矛盾
90. 父母关系不和
91. 与多年未见的同学取得联系
92. 结交了新朋友
93. 被老师表扬
94. 被同学赞扬
95. 被父母夸奖
96. 和多年不见的老同学聚会
97. 送某人一个礼物，对方很喜欢
98. 受到朋友关心
99. 考得优异成绩
100. 综合测评名列前茅

101. 比赛中取得好成绩	119. 走路绊了一下
102. 英语四级顺利通过	120. 同学没给自己打招呼
103. 完成学习目标	121. 一道题不会做
104. 外出旅游放松	122. 异性对自己微笑
105. 买彩票中奖	123. 与异性同学不熟
106. 参加亲友婚礼	124. 同学对自己微笑
107. 收到喜欢的礼物	125. 得到老师的认可
108. 捡到钱包	126. 网络时断时续
109. 初恋	127. 被同学取笑
110. 被喜欢的异性关注	128. 与家人打电话
111. 求爱接受	129. 选课中签
112. 与心仪的异性约会	130. 完成作业
113. 竞选班干部成功	131. 作业未完成
114. 获得奖学金	132. 服务生态度不好
115. 在知识竞赛中获奖	133. 课堂内容听懂
116. 买新衣服	134. 服务生态度好
117. 做对了一道题	135. 课堂内容听不懂
118. 泡面没热水	

附录3：实验1材料样例

实验1材料（版本1）

指导语：下面有20组材料，每组材料包含两个选项，请认真阅读每个选项后面的事件，想象如果这些事件发生在你的身上，你会有什么样的体验。

第一部分

首先请先写出最近发生在你身上的四个正性生活事件：

____________________　　____________________

____________________　　____________________

然后对下面的事件进行评分，并选择。评分从0~100进行打分，0表示正性情感非常低，100表示正性情感非常高。评完分后，请在A和B两个选项中进行选择，如果必须选择，你更愿意经历哪个选项描述的事件，请在相应的选项上划圈。

1. A：在超市免费品尝一小块食物，并且和一个久未谋面的老朋友一起吃饭　**评分：**

   B：送某人一个礼物，对方很喜欢　**评分：**

2. A：与心仪的异性约会　**评分：**

   B：英语四级顺利通过，并且在路上捡到两块钱　**评分：**

3. A：收到喜欢的礼物，并且最后一节课早下课几分钟　**评分：**

   B：比赛中取得好成绩　**评分：**

4. A：做对了一道练习题，并且求爱被接受　**评分：**

   B：买彩票中奖　**评分：**

5. A：综合测评名列前茅　　**评分：**

B：外出旅游，并且课间多休息 5 分钟　　**评分：**

6. A：多睡 15 分钟，并且得知在知识竞赛中获奖　　**评分：**

B：被喜欢的异性关注　　**评分：**

7. A：英语四级顺利通过，并且在商店获得小赠品　　**评分：**

B：得到老师公开表扬　　**评分：**

8. A：与多年不见的老同学取得联系　　**评分：**

B：早下课几分钟，并且竞选学生干部成功　　**评分：**

9. A：课间多休息 5 分钟，并且看望老朋友　　**评分：**

B：获得奖学金　　**评分：**

10. A：求爱被接受，并且在路上捡到了两块钱　　**评分：**

B：停课放假一天　　**评分：**

第二部分

首先请先写出最近发生在你身上的四个负性生活事件：

____________________　　____________________

____________________　　____________________

然后对下面的事件进行评分，并选择。评分从 0~100 进行打分，0 表示负性情感非常低，100 表示负性情感非常高。评完分后，请在 A 和 B 两个选项中进行选择，如果必须选择，你更愿意经历哪个选项描述的事件，请在相应的选项上划圈。

1. A：与一个重要人物吵架　　**评分：**

B：上课时把食物弄在了衬衣上，并且考试成绩不理想　**评分：**

2. A：遭遇意外交通事故，并且上课迟到两分钟　　**评分：**

B：失恋　　**评分：**

3. A：家庭内部有矛盾　　**评分：**

B：考试失利，并且吃泡面时没热水　　**评分：**

4. A：丢了两块钱，并且学习退步　　**评分：**

B：与舍友吵架　　**评分：**

5. A：被好友误会　　**评分：**

B：所学专业不喜欢，洗脸时发现水龙头不能出热水　**评分：**

6. A：课外练习有道题不会做，并且财物被骗　　**评分：**

B：和父母发生冲突　　**评分：**

7. A：考试不及格　　**评分：**

B：与恋人争吵，并且饮水机不能加热了　　**评分：**

8. A：水杯丢了，并且丢失钱包　　**评分：**

B：求爱被拒　　**评分：**

9. A：和老师发生争执　　**评分：**

B：竞选班干部落选，并且拿东西时手擦伤了　　**评分：**

10. A：自行车有毛病，并且面试被拒　　**评分：**

B：预期的奖学金落空　　**评分：**

附录4：实验2材料样例

实验2材料（版本1）

指导语：下面有20组材料，每组材料包含两个选项，请认真阅读每个选项后面的事件，想象如果这些事件发生在你的身上，你会有什么样的体验。

第一部分

首先请先写出最近发生在你身上的四个负性生活事件：

____________________ ____________________

____________________ ____________________

然后对下面的事件进行评分，并选择。评分从0~100进行打分，0表示负性情感非常低，100表示负性情感非常高。评完分后，请在A和B两个选项中进行选择，如果必须选择，你更愿意经历哪个选项描述的事件，请在相应的选项上划圈。

1. A：与同学打招呼同学没看见，并且与舍友吵架 **评分：**

   B：被好友误会 **评分：**

2. A：学习压力比较大 **评分：**

   B：考试成绩不理想，并且衣服上不小心弄上了食物 **评分：**

3. A：与恋人争吵 **评分：**

   B：失恋，并且上课迟到两分钟 **评分：**

4. A：走路绊了一跤，并且遭遇意外交通故障 **评分：**

   B：得了重感冒 **评分：**

5. A：父母没接自己电话，并且家庭内部有矛盾 **评分：**

B：与父母发生冲突 **评分：**

6. A：外出时丢失钱包 **评分：**

B：财物在实习时被骗，并且同学没给自己打招呼 **评分：**

7. A：学习没目标 **评分：**

B：考试不及格，并且丢了水杯 **评分：**

8. A：异性同学不与自己打招呼，并且求爱被拒 **评分：**

B：与恋人争吵 **评分：**

9. A：同学不同意自己的意见，并且预期的奖学金落空 **评分：**

B：竞选学生干部落选 **评分：**

10. A：所学专业不喜欢 **评分：**

B：面试被拒，并且泡面没有热水 **评分：**

第二部分

首先请先写出最近发生在你身上的四个正性生活事件：

____________________ ____________________

____________________ ____________________

然后对下面的事件进行评分，并选择。评分从 0~100 进行打分，0 表示正性情感非常低，100 表示正性情感非常高。评完分后，请在 A 和 B 两个选项中进行选择，如果必须选择，你更愿意经历哪个选项描述的事件，请在相应的选项上划圈。

1. A：异性同学对自己微笑，并且被喜欢的异性关注 **评分：**

B：与心仪的异性约会 **评分：**

2. A：送某人一个礼物，对方很喜欢 **评分：**

B：和一个久未谋面的老同学一起吃饭，并且在超市免费品尝一小块食物　**评分：**

3. A：考了一个好成绩　**评分：**

B：做了一个好梦，并且获得奖学金　**评分：**

4. A：完成学习目标，并且做对了一道练习题　**评分：**

B：考得优异成绩　**评分：**

5. A：外出旅游放松　**评分：**

B：课间多休息5分钟，并且停课放假一天　**评分：**

6. A：受到表彰，并且课间多休息5分钟　**评分：**

B：得知在知识竞赛中获奖　**评分：**

7. A：得到老师公开表扬　**评分：**

B：考了一个好成绩，并且多睡15分钟　**评分：**

8. A：收到别人的祝福短信，并且好友打来问候电话　**评分：**

B：与多年不见的老同学取得联系　**评分：**

9. A：获得奖学金　**评分：**

B：竞选学生干部成功，并且聊天时得到同学肯定　**评分：**

10. A：在路上捡到两块钱，并且送某人一个礼物，对方很喜欢　**评分：**

B：收到了喜欢的礼物　**评分：**

附录5：实验3材料样例

实验3材料（版本1）

指导语：下面有20组材料，每组材料包含两个选项，请认真阅读每个选项后面的事件，想象如果这些事件发生在你的身上，你会有什么样的体验。

第一部分

首先请先写出最近发生在你身上的四个负性生活事件：

____________________ ____________________

____________________ ____________________

然后对下面的事件进行评分，并选择。评分从0~100进行打分，0表示负性情感非常低，100表示负性情感非常高。评完分后，请在A和B两个选项中进行选择，如果必须选择，你更愿意经历哪个选项描述的事件，请在相应的选项上划圈。

1. A：丢了两块钱，并且与舍友吵架　**评分：**

   B：被好友误会　**评分：**

2. A：学习压力比较大　**评分：**

   B：刚知道考试成绩不理想，衣服上又不小心弄上了食物　**评分：**

3. A：刚刚上课迟到两分钟，又失恋了　**评分：**

   B：与恋人争吵　**评分：**

4. A：得了重感冒　**评分：**

   B：遭遇意外交通故障，并且作业未完成　**评分：**

5. A：自行车有毛病，并且家庭内部有矛盾 **评分：**

B：与父母发生冲突 **评分：**

6. A：外出时丢失钱包 **评分：**

B：财物刚刚被骗，又遇到同学没给自己打招呼 **评分：**

7. A：刚丢了水杯，又得知考试不及格 **评分：**

B：学习没目标 **评分：**

8. A：与恋人争吵 **评分：**

B：求爱被拒，并且饮水机不能加热 **评分：**

9. A：拿东西时手擦伤了，并且预期的奖学金落空 **评分：**

B：竞选学生干部落选 **评分：**

10. A：所学专业不喜欢 **评分：**

B：刚得知面试被拒，又发现想泡面没有热水 **评分：**

第二部分

首先请先写出最近发生在你身上的四个正性生活事件：

______________________　　______________________

______________________　　______________________

然后对下面的事件进行评分，并选择。评分从0~100进行打分，0表示正性情感非常低，100表示正性情感非常高。评完分后，请在A和B两个选项中进行选择，如果必须选择，你更愿意经历哪个选项描述的事件，请在相应的选项上划圈。

1. A：捡了两块钱，与心仪的异性约会 **评分：**

B：被喜欢的异性赞赏 **评分：**

2. A：和一个久未谋面的老同学一起吃饭 **评分：**

B：刚送某人一个礼物，对方很喜欢，又在超市免费品尝一小块食物　**评分：**

3. A：刚做了一个好梦，又考了一个好成绩　**评分：**

B：获得奖学金　**评分：**

4. A：完成学习目标　**评分：**

B：考得优异成绩，并且在超市免费品尝一小块食物　**评分：**

5. A：选课中签，并且外出旅游放松　**评分：**

B：停课放假一天　**评分：**

6. A：受到表彰　**评分：**

B：刚得知在知识竞赛中获奖，课间又多休息 5 分钟　**评分：**

7. A：刚多睡了 15 分钟，又得到老师公开表扬　**评分：**

B：考了一个好成绩　**评分：**

8. A：好友打来问候电话　**评分：**

B：与多年不见的老同学取得联系，早下课几分钟　**评分：**

9. A：课间多休息 5 分钟，获得奖学金　**评分：**

B：竞选学生干部成功　**评分：**

10. A：送某人一个礼物，对方很喜欢　**评分：**

B：刚收到了喜欢的礼物，又在路上捡到两块钱　**评分：**

附录6：实验4材料样例

实验4材料（高版本1）

指导语：下面有8组材料，每组材料包含两个选项，请认真阅读每个选项后面的事件，想象如果这些事件发生在你的身上，你会有什么样的体验。

第一部分

首先请先写出最近发生在你身上的四个负性生活事件：

____________________ ____________________

____________________ ____________________

然后对下面的事件进行评分，并选择。评分从0~100进行打分，0表示负性情感非常低，100表示负性情感非常高。评完分后，请在A和B两个选项中进行选择，如果必须选择，你更愿意经历哪个选项描述的事件，请在相应的选项上划圈。

1A：与一个重要人物吵架，考试成绩不理想，失恋，家庭内部有矛盾　　**评分：**

1B：被好友误会　　**评分：**

你愿意经历哪一个？请选择：　1A　1B

2A：与恋人发生激烈争吵　　**评分：**

2B：英语四级未通过，财物被骗，被父母批评和责备，竞选班干部落选　　**评分：**

你愿意经历哪一个？请选择：　2A　2B

3A：面试被拒　　**评分：**

3B：考试不及格，外出时丢失钱包，求爱被拒，和老师发生争吵

评分：

你愿意经历哪一个？请选择：　3A　3B

4A：预期的奖学金落空，生了一场大病，当众丢面子，学习目标未完成　评分：

4B：与舍友吵架　评分：

你愿意经历哪一个？请选择：　4A　4B

第二部分

首先请先写出最近发生在你身上的四个正性生活事件：

____________________　____________________

____________________　____________________

然后对下面的事件进行评分，并选择。评分从 0~100 进行打分，0 表示正性情感非常低，100 表示正性情感非常高。评完分后，请在 A 和 B 两个选项中进行选择，如果必须选择，你更愿意经历哪个选项描述的事件，请在相应的选项上划圈。

1A：综合测评名列前茅　评分：

1B：和一个久未谋面的老朋友一起吃饭，体育比赛中取得好成绩，买彩票中奖，送某人一个礼物对方很喜欢　评分：

你愿意经历哪一个？请选择：　1A　1B

2A：外出旅游，与心仪的异性约会，收到喜欢的礼物，得知在知识竞赛中获奖　评分：

2B：被喜欢的异性关注　评分：

你愿意经历哪一个？请选择：　2A　2B

3A：英语四级顺利通过，得到老师公开表扬，与多年不见的老同学取得联系，竞选学生干部成功　　**评分：**

3B：看望老朋友　　**评分：**

你愿意经历哪一个？请选择：　　3A　　3B

4A：好友打来问候电话　　**评分：**

4B：获得奖学金，求爱被接受，周末多放假一天，完成学习目标　　**评分：**

你愿意经历哪一个？请选择：　　4A　　4B

附录7：实验5材料样例

实验5材料（版本1）

第一部分

指导语：下面有 4 组材料，每组材料都包含 4 个事件，请认真阅读这些事件，仔细感受如果这些事件在一天之中或者一月之内陆续发生在你的身上，如果必须选择，你更愿意经历在哪个时间条件下发生这些事件，请在相应的选项上划圈○。另外，在不同的时间条件下发生这些事件，你分别会有什么样的情感强度体验，并请进行情感评分。评分从 0~100 进行打分，0 表示负性情感非常低，100 表示负性情感非常高。

1 事件：与一个重要人物吵架、考试成绩不理想、失恋、家庭内部有矛盾。

1A：以上事件在一天内发生

1B：以上事件一个月内陆续发生

你愿意经历哪一个？请选择：1A　　　1B

情感评定得分：1A______　　1B______

2 事件：与恋人发生激烈争吵、英语四级未通过、财物被骗、被父母批评和责备。

2A：以上事件在一天内发生

2B：以上事件一个月内陆续发生

你愿意经历哪一个？请选择：2A　　　2B

情感评定得分：2A______　　2B______

3 事件：面试被拒、考试不及格、外出时丢失钱包、求爱被拒。

3A：以上事件在一天内发生

3B：以上事件一个月内陆续发生

你愿意经历哪一个？请选择：3A 3B

情感评定得分：3A______ 3B______

4 事件：预期的奖学金落空、生了一场大病、当众丢面子、学习目标未完成

4A：以上事件在一天内发生

4B：以上事件一个月内陆续发生

你愿意经历哪一个？请选择：4A 4B

情感评定得分：4A______ 4B______

第二部分

指导语：下面有 4 组材料，每组材料都包含 4 个事件，请认真阅读这些事件，仔细感受如果这些事件在一天之中或者一月之内陆续发生在你的身上，如果必须选择，你更愿意经历在哪个时间条件下发生这些事件，请在相应的选项上划圈○。另外，在不同的时间条件下发生这些事件，你分别会有什么样的情感强度体验，并请进行情感评分。评分从 0~100 进行打分，0 表示正性情感非常低，100 表示正性情感非常高。

1 事件：综合测评名列前茅、和一个久未谋面的老朋友一起吃饭、体育比赛中取得好成绩、买彩票中奖。

1A：以上事件在一天内发生

1B：以上事件一个月内陆续发生

你愿意经历哪一个？请选择：1A　　1B

情感评定得分：1A______　　1B______

2 事件：外出旅游、与心仪的异性约会、收到喜欢的礼物、得知在知识竞赛中获奖。

2A：以上事件在一天内发生

2B：以上事件一个月内陆续发生

你愿意经历哪一个？请选择：2A　　2B

情感评定得分：2A______　　2B______

3 事件：英语四级顺利通过、得到老师公开表扬、与多年不见的老同学取得联系、竞选学生干部成功。

3A：以上事件在一天内发生

3B：以上事件一个月内陆续发生

你愿意经历哪一个？请选择：3A　　3B

情感评定得分：3A______　　3B______

4 事件：好友打来问候电话、获得奖学金、求爱被接受、周末多放假一天。

4A：以上事件在一天内发生

4B：以上事件一个月内陆续发生

你愿意经历哪一个？请选择：4A　　4B

情感评定得分：4A______　　4B______

附录8：实验6材料样例

实验6材料（版本1）

第一部分

指导语：下面有4组材料，每组材料都包含4个事件，请认真阅读这些事件，仔细感受如果这些事件在一天之中或者一月之内陆续发生在你的身上，如果必须选择，你更愿意经历在哪个时间条件下发生这些事件，请在相应的选项上划圈○。另外，在不同的时间条件下发生这些事件，你分别会有什么样的情感强度体验，并请进行情感评分。评分从0~100进行打分，0表示负性情感非常低，100表示负性情感非常高。

1事件：收音机里播放自己不喜欢的音乐、走路绊了一跤、上课迟到了几分钟、发现饮水机出现了故障。

1A：以上事件在一天内发生

1B：以上事件一个月内陆续发生

你愿意经历哪一个？请选择：1A　　1B

情感评定得分：1A______　　1B______

2事件：吃饭时菜汁滴在身上、同学没给自己打招呼、自行车有毛病、洗脸时发现水龙头不能出热水。

2A：以上事件在一天内发生

2B：以上事件一个月内陆续发生

你愿意经历哪一个？请选择：2A　　2B

情感评定得分：2A______　　2B______

3 事件： 与同学打招呼时忘记对方的名字、想泡面没热水、丢了笔袋、学习时有道题不会做。

3A：以上事件在一天内发生

3B：以上事件一个月内陆续发生

你愿意经历哪一个？请选择：3A　　3B

情感评定得分：3A______　　3B______

4 事件： 拿东西时手擦伤了、欠别人的钱、与朋友有些小矛盾、在最后一堂课上把食物弄在了衬衣上。

4A：以上事件在一天内发生

4B：以上事件一个月内陆续发生

你愿意经历哪一个？请选择：4A　　4B

情感评定得分：4A______　　4B______

第二部分

指导语：下面有 4 组材料，每组材料都包含 4 个事件，请认真阅读这些事件，仔细感受如果这些事件在一天之中或者一月之内陆续发生在你的身上，如果必须选择，你更愿意经历在哪个时间条件下发生这些事件，请在相应的选项上划圈○。另外，在不同的时间条件下发生这些事件，你分别会有什么样的情感强度体验，并请进行情感评分。评分从 0~100 进行打分，0 表示正性情感非常低，100 表示正性情感非常高。

1 事件： 最后一节课早下课几分钟、在零售店免费品尝一小块食物、穿新买的衣服、在路上捡到两块钱。

1A：以上事件在一天内发生

1B：以上事件一个月内陆续发生

你愿意经历哪一个？请选择：1A　　1B

情感评定得分：1A______　　1B______

2 事件： 选中自己喜欢的选修课、做对了一道练习题、课间多休息 5 分钟、收到熟人寄来的明信片。

2A：以上事件在一天内发生

2B：以上事件一个月内陆续发生

你愿意经历哪一个？请选择：2A　　2B

情感评定得分：2A______　　2B______

3 事件： 可以多睡 15 分钟、同学微笑着与自己打招呼、在收音机里听到自己喜欢的歌、在超市获得促销小赠品。

3A：以上事件在一天内发生

3B：以上事件一个月内陆续发生

你愿意经历哪一个？请选择：3A　　3B

情感评定得分：3A______　　3B______

4 事件： 异性同学对自己微笑、收到别人的祝福短信、买彩票中了五元钱、收到参加聚会的邀请。

4A：以上事件在一天内发生

4B：以上事件一个月内陆续发生

你愿意经历哪一个？请选择：4A　　4B

情感评定得分：4A______　　4B______

后 记

在本书即将付梓之际，我要衷心地感谢我的博士生导师伍新春教授，在本课题的研究过程中，伍老师给了我悉心的指导和帮助。伍老师严谨的治学态度、谦逊的师者风范、平易的生活作风深深地影响了我，让我受益终生。还要感谢我的可敬可爱的硕士生导师莫雷教授，莫老师教给了我做学问的方法，也教给我很多做人、做事的道理，更是在生活上给予我很多支持和帮助，这份师生情缘值得我一生珍惜。

感谢在本研究过程中给予我帮助的姚梅林教授、刘儒德教授、刘翔平教授、刘力教授，还有刘华山教授、樊富珉教授、方平教授和贾小明教授……感谢所有给予我帮助的同学、朋友和学生。

本书的出版得到了北京工商大学学术专著出版项目的资助，感谢学校及科研处的领导将其列入出版计划。感谢知识产权出版社的龚卫编辑对本书的出版所付出的辛勤劳动。

最后要感谢我的家人。我的爱人赵雷先生除了在生活上对我关爱有加，在科研工作上更是给了我很多的帮助。感谢年迈的父母对我的支持、理解，感谢公公婆婆照顾我们的生活，将我可爱的女儿照顾得无微不至，让我在工作时可以全身心地投入。同时，也将此书作为送给女儿赵雨辰三周岁的礼物，这本书的写作伴随了她三年的成长。

2014 年 6 月